胡萬川著

文史哲學集成

鍾馗神話與小說之研究

文史哲出版社印行

鍾馗神話與小說之研究 / 胡萬川著. -- 初版 --
臺北市：文史哲, 民 105.01 印刷
頁; 21 公分（文史哲學集成；40）
ISBN 978-957-547-247-4（平裝）

文史哲學集成 40

鍾馗神話與小說之研究

著者：胡萬川
出版者：文史哲出版社
http:// www.lapen.com.tw
e-mail：lapen@ms74.hinet.net
登記證字號：行政院新聞局版臺業字五三三七號
發行人：彭正雄
發行所：文史哲出版社
印刷者：文史哲出版社
臺北市羅斯福路一段七十二巷四號
郵政劃撥帳號：一六一八〇一七五
電話886-2-23511028・傳真886-2-23965656

實價新臺幣三〇〇元

一九八〇年（民六十九）五月初版
二〇一六年（民一〇五）一月（BOD）初刷

ISBN 978-957-547-247-4 00040

自序

鍾馗神話的流傳在我國已有相當長遠的歷史，民間各地對鍾馗的奉祀與信仰，一直到現在也仍然相當的普遍，對於這麼一位流傳久遠而又廣被的神靈，歷來雖已有不少的人加以注意，提出討論，但卻常常只是點到爲止，並沒有眞正作過深入而有系統的探究。

而有關鍾馗故事的通俗小說，留傳於世的有三種之多，但是直到今天，在我們國內卻仍然沒有人將這三部小說當作眞正研究的對象。這三部小說從文學的價值來說，雖然並不都是精品，但是其中的斬鬼傳卻是後來清朝諷刺小說的先聲，文筆也頗不俗，在小說史上應有它重要的地位，其他兩種也各自有其不同的存在價值，不應當如此的被忽視。

正因爲如此，所以鍾馗神話與描述鍾馗故事的這三部小說，便仍待有人作進一步的研究。而這兩者之間彼此又有密切的關係，如能配合討論，將可事半功倍，這就是筆者不揣淺陋，將鍾馗神話與小說合而論之的道理。

本書寫作期間，由於筆者僻居中部，資料收集較爲不便，因此特別要感謝夏威夷大學的馬幼垣教授，巴黎第七大學的吳德明教授（Prof. Yves Hervouet），法國科學院的陳慶浩先生，以及台大外文系的王秋桂教授，政大中文系的周咸靖教授等諸位先進或好友。由於他們熱心的協助，提供各種資料，本書才得以順利完成。

鍾馗神話與小說之研究　目次

鍾馗神話與小說之研究

第一篇　導論

本書實際由兩大部分所構成，即第二篇的鍾馗神話之探索與第三篇的鍾馗小說之研究。鍾馗神話的探索，主要在確定鍾馗神話的特質，探尋其源流。鍾馗小說之研究，則以現存三種與鍾馗故事有關的通俗小說爲對象，分析其內容，評定其價值。這兩部份的研究，原本可以各自獨立成篇，但是由於兩者都以「鍾馗」爲主，彼此之間有著密切的關係，筆者認爲，若一幷討論，將更能收相互補綴之效，因此不揣淺陋，將這兩部分同時並列而論。

關於神話的研究，首先要確定的是神話的定義，對於神話有了明確的認識，才能確認什麼是鍾馗的神話，再進一步才能分析其內容，指出其特點。對此，筆者摘要參考了美國人類學家科克（G. S. Kirk）、法國神話學家伊利德（Mircea Eliade）及英國人類學家馬凌諾斯基（B. Malinowski）等的解說，認爲神話是人類以其不完整的知識，解釋各種自然或人文現象之意義或起源的故事（tale

）。

由此，我們進一步地才能確定鍾馗神話的範圍。歷來文獻有關鍾馗故事的記載，以北宋年間沈括夢溪筆談補筆談爲最早，在補筆談所載的那篇故事中，說鍾馗是玄宗時代人，爲武擧不第的擧人，死後顯靈托夢於玄宗，爲玄宗驅殺了作祟致病的虛耗小鬼，玄宗夢醒之後病愈，卽命吳道子畫鍾馗圖像，於歲除之際懸掛，因此日後家家祀奉鍾馗。此後天中記等所載的鍾馗故事也都大同小異。我們認爲這一個故事就是鍾馗的神話。因爲考之歷史，唐代初年並無鍾馗其人，如果眞有其人，而且眞的他曾經治好了玄宗皇帝的病，那這一段故事或許就應當算是傳說或傳奇，而不一定是神話。

另外，故事中說鍾馗信仰是由玄宗病中一夢而起，也與事實不符，因爲鍾馗被當作神來崇拜的事實早在玄宗登基以前卽已存在。由故事中對鍾馗信仰種種特點的緊扣，很明顯的這一則鍾馗的故事，就是解說鍾馗信仰起源的神話。

確定了鍾馗神話與鍾馗信仰的關係之後，我們的研究方向便可確定。對於神話的研究，最重要的當然是探索其原始意義與根源，鍾馗神話旣是鍾馗信仰的解說，二者便是互爲表裡的關係，因此，探索鍾馗神話的根源，與探索鍾馗信仰的由來，也便是二而爲一的事情。

有關鍾馗信仰起源的研究，自明代的楊愼、胡應麟以後，代有其人，淸初的顧炎武，以及稍後的趙翼，更前後呼應，儼然已有了具體的答案。但是筆者認爲這些前代的學者所提出的解釋，對於鍾馗信仰的諸種特質，並不能有合理而淸楚的說明，因此不敢苟同。

鍾馗信仰的幾個重要特點如下：一、與驅疫逐祟有關，二、與年終歲除有關，三、鍾馗相貌凶惡醜陋。這幾個特點同樣的表現在鍾馗神話故事中。要說明鍾馗信仰的由來，必須對這幾個特點能夠有相符的解釋。

自楊愼以下的學者，研究鍾馗信仰的起源所用的方法，可以說都是從語源的探究着手。語源的探索，本是研究神話的一個重要方法，但是若不能同時兼顧這神話的實際內容與種種特質，有時卻未免會捉襟見肘。

楊愼認爲鍾馗之由來與終葵有關，顧炎武、趙翼等更循此路線廣爲發揮，認爲鍾馗卽是終葵——鍾葵的訛變。所謂「終葵」，就是周禮「大圭終葵首」的「終葵」，古代齊地的方言稱「椎」爲「終葵」。顧炎武引馬融廣成頌爲證，認爲古代的人驅鬼用「終葵」，所以後來「終葵」便被認爲有「辟邪」的作用，因爲便有取名爲「鍾葵（或鍾馗）」而字「辟邪」者。再經轉化，便以「鍾馗」爲驅疫逐鬼的神靈。

這種說法看似合理，其實證據薄弱，因爲「廣成頌」所說的是「狩獵」，而不是「驅鬼」。「鍾馗」後來之被當作驅疫逐鬼的神靈名稱，或許與「終葵」有關，但是，若說鍾馗信仰整個由「終葵」而來，卻難以說明白整個信仰的眞相。

荷蘭漢學家，專門研究中國宗教的格魯特（J. J. M. De Groot）與日本的永尾龍造，也分從「終葵」這一路線，提出各自不同的解說。其主要的見解，仍不外乎「鍾馗」是「終葵」的轉變。

其他也有「鍾馗」本爲古代神名，「鍾馗」即「終葵」等說法，筆者於文中皆已一一指出其不圓融之處。筆者對前人諸說的批評，爲省篇幅，往往僅就其中不合理之一項，或證據不足之處，提出質疑，而不作整體之反駁，因爲筆者後來所提出的不同的理論，就是對諸家之說的最好的批評。

筆者認爲鍾馗信仰實際就是古來驅疫逐祟大典「大儺」的轉化。大儺之儀，論語鄉黨篇即已提及，禮記月令、周禮、品氏春秋、淮南子等更有頗爲詳細的記載，可見其淵源流長。而自後漢書以迄新唐書，歷代史書對於當時舉行大儺的盛況都有專章描述，更可見其受重視的情形。

大儺之儀是古來全國上下於歲除之際共同舉行的驅疫大典，主持人叫「方相氏」，是頭戴奇醜鬼面具的祭師。「方相」本來也是一種鬼魅的名稱。以裝成醜陋可怖的「方相」驅鬼，正是「以惡制惡」的巫術心理。鍾馗面貌奇醜，正是「方相」的轉化。而鍾馗信仰之爲驅疫，之與年終歲除有關，更是大儺遺意。

鍾馗信仰既是大儺的轉化，爲對這種信仰的本源有更進一步的了解，便應當清楚大儺的淵源流變。關於大儺的起源，近代學者論之者頗多，而意見紛歧，莫衷一是。如陳夢家先生從字源的探索，認爲「儺」「難」都是「莫」，而「莫」是乾旱之意，所以認爲「儺」本來是一種求雨之祭。而斑尼迪克（Paul Benedict）則從語根着手，認爲在藏緬語族與漢語裡，「No」本來是所有有關「病」的語根，後來卽由「病」轉出「病魔」，再轉爲指「驅病魔之儀」。

另外，柏德先生（Derk Bodde）則認爲「儺」是傳自東北亞的習俗，他認爲主持大儺的方相蒙熊皮就是東北亞部落人們對熊之崇拜的痕迹。而楊堃先生則又主張儺祭是由古代的祀火之禮而來。種種說法，不一而足。

筆者認爲儺本來就是一種與驅疫治病，求保身家安寧有關的巫術儀式。這種儀式本身的起源相當古老，而且普遍的存在於世界各地，並不是中國所獨有。因此，若將「儺」這種儀式當作中國所獨有的孤立事項來處理，便常常會有所蒙蔽。筆者之所以對以上諸說有所不滿的原因，即在於此。世界各地曾經普遍存在與儺相類似的儀式，人類學家弗雷則（J. G. Frazer）的金枝（Golden Bough）一書曾有專章討論，該書所收資料即是筆者立論的主要根據之一。

筆者對於不滿諸說的批評，同樣的往往僅針對其中一項不合事實的見解而發，而不對每一個說法作全盤性的檢討，因爲筆者所提出的主張，就是對各說的整體批評。

鍾馗信仰由大儺轉變而來的說法，除了二者目的相同，種種特徵也相同之外，由大儺本身演變的情形也可以作一個很好的說明。

大儺之儀的舉行，在新唐書以前，往往見諸於正史的記載，自五代及宋以後，雖然由其他資料尚可見到民間及宮中舉行大儺的情形，但是却再也不見諸於正史。由此可證，大儺至五代之後即已式微。而其開始衰歇的徵兆，則自唐朝即已開始。由資料的對比，唐朝的大儺不如前代之隆重，已很明顯，而唐朝正是鍾馗信仰開始興盛的時代，也是鍾馗神話產生的時代。鍾馗信仰一起，大儺即開始式微，因爲鍾馗信仰是大儺的轉化，兩者性質約略相同，所以可以取代大儺，逐漸的，鍾馗信仰一普及，大儺即衰落而消失。

大儺眞正消亡的時代，已難詳考，但由明人筆記的記載，顯然至明代已經不存，則可確定。其後各地雖然仍有類似大儺的年終驅疫儀式，但面目已與原來的大儺大不相侔。而在這些儀式中，鍾馗往往扮演着重要的角色。所以，鍾馗信仰由大儺轉化而來，是相當明顯的事實。

本書對鍾馗神話的探討，著重在清理它背後「眞實」故事的意義，所以對鍾馗信仰的事實，也就偏重在歷史資料的收集與分析，以明其源流，有關目前民間崇奉鍾馗的種種實際情形，便非所重。因爲若能正本清源，其餘便屬末端細節，清楚易了。

以上便是本書探究鍾馗神話的方法及過程說明，底下再說第二部分，有關鍾馗小說研究的部分。描述鍾馗故事的通俗小說，現在所知者有三種，第一種簡稱「鍾馗全傳」，第二種簡稱「斬鬼傳」，第三種「平鬼傳」。

鍾馗全傳爲明人作品，國內久已失傳，舉世現僅存一部藏於日本東京內閣文庫。此本亦爲明代所刊。筆者因其書久爲國內學者所未見，即請友人自日購得該書微卷，除作爲研究根據之外，更藉此機會向國內學者介紹該書之大要。

因爲該書爲以前國內學者所罕見，所以本節研究，對於該書版式的介紹，便稍爲加詳。又因該書無作者題署，要確定其寫作年代，頗爲繁難。然而對一部作品之研究，了解其寫作年代實爲首要工作，所以只得從明代所刊行各種小說中依其版式的特性，相互對照，來確認其刊行年代與地點。依筆者如此對照的結果，認爲該書可能爲萬曆年間人所作，而最初即刋行於福建建陽一地。

又因爲該書以前爲國內讀者所未見，所以在分析其內容以前，先列一節摘述其故事大要。既可作爲分析之依據，復寓介紹之意。

該書是從原來鍾馗神話故事所擴充而成的通俗小說。用淺顯的文言寫成。文筆尚稱通順，但整體故事的結構與效果則不甚高妙。譬如作者原要極力刻畫鍾馗生前才學的高超與德性的純正，然而由於文學品味的不足，却將他描繪成一個少年老成，呆板無味的人。作者對於鍾馗生前的種種描述，很顯然的是套用歷來通俗小說中偉人降生成長的俗套。而對於鍾馗降妖，死後顯靈等的描寫，則除了沿用原來神話故事的情節以外，所穿插的則是見諸於其他書中的神怪故事。

因爲該書文學價值不高，所以筆者的評論即從其時相矛盾的情節入手，並以其他書中對相類情節的描述爲對照，說明其缺點所在。

該書若從嚴肅的文學角度來看，並沒什麼價值，但是，若從民間文藝的角度來看，則仍有它特殊的意義，因爲這是惟一一部描述鍾馗神話的通俗小說。

以前孫楷第先生因爲未見過該書，所以在中國通俗小說書目中，將該書列入諷刺小說類，是一項錯誤，該書應當是靈怪小說。

斬鬼傳是清朝康熙年間太原人劉璋所作的一部諷刺小說。以前因爲該書原來作者題署之名號難以確認，所以有人認爲是明人的作品。後來學者陸續考證，從徐昆的柳崖外編找出資料，才證明是劉璋所作。

從時間上來說，斬鬼傳的完成比儒林外史約早四十幾年，在此書之前，並無眞正純粹以諷刺爲目的所寫作的通俗小說，所以該書應當是中國近世諷刺小說的先聲。

但是，由於以前學者對於所謂的諷刺小說，並無明顯的認識，但見書中所寫鬼話連篇，嘈嘈喳喳，便認爲該書還不夠格稱作諷刺小說。因此，該書在小說史上原來應有的地位便被刪落了。

這是一個錯誤的見解。該書作者能夠將原來鍾馗斬鬼的故事，轉爲諷刺小說的題材，已是手法高妙，其中所描述的諸鬼形狀，更是曲盡世間醜陋衆生的形貌，而其文筆諧趣，令人讀了之後，只覺其突梯滑稽、幽默叢生，並不覺其可厭。

筆者對斬鬼傳的分析，從三個方面着手，第一，人物的塑造，第二，情節與結構，第三，語言的運用。

由人物的塑造來說，作者首先卽刻畫鍾馗的正直高才，與其因貌醜被黜氣憤而死的寃屈。這本來就是神話中的鍾馗形象，作者藉而用之，更穿插奸相的從中作梗，使鍾馗的寃屈形象更爲加强。鍾馗死後，閻君派他來陽間除鬼，除那些有人之形，有鬼之性的人鬼，陪判他而來的兩位將軍便叫「含寃」與「負屈」。含寃、負屈實在就是鍾馗另一面的轉化。他們三個人都是生前正直而受盡寃屈的人，來到世間所要驅殺的便是那些極不正直的鬼祟，如此安排，便已顯出正邪的强烈對比，對比之下，諸鬼祟的醜態便愈加突出。

而所謂的陽間之鬼，其實就是世間衆生各種不良習性、癖性的擬人化。這種安排，使得這些鬼祟的人物，充分的具有古典戲劇理論中喜劇丑角的特性，因此，這部小說也就有著十足的喜劇氣氛。這些鬼祟，本來都是可厭之人，但由作者寫來，卻只令人覺得個個有趣，並不覺可恨。

筆者對諷刺小說的見解，其理論根據主要來自鮑爾遜（Ronald Paulson）所編的「當代批評文選——論諷刺」（Satire: Modern essays in criticism）一書，其中又以取自克南（Aluin P. Kernan）的「諷刺原理」（A theory of satire）與鮑爾遜的「諷刺小說」（The fictions of Satire）二篇者爲多。鮑爾遜在他的文中，卽曾指出，諷刺小說的結局往往就是對諷刺對象的處罰，這也就是筆者所謂的斬鬼傳作者能藉鍾馗斬鬼的神話來寫諷刺小說的巧妙所在。這些鬼祟人物，個個都是不善之人，作者旣以之爲諷刺的對象，結局便當是處罰，而處罰的最極端方式則是讓他們消失，作者因此卽以鍾馗斬鬼的神話爲藍本，將這些人當作「鬼」，而藉着鍾馗的手一一將他們斬除，其移轉的手法自是高明。

結構方面，筆者認爲斬鬼傳的結構是串珠式的結構，卽一段一段似不相干的情節，藉著鍾馗這個線索將它們貫串起來，便成了一部長篇小說。這種結構並不是斬鬼傳所獨有，也不是中國的小說所獨有。西班牙的「無賴漢小說」（Picaresque novels）及許多諷刺或遊記冒險小說的結構是如此，中國的水滸、西遊及自斬鬼傳以下，儒林外史等各種諷刺小說也莫不如此。

諷刺小說之所以往往採串珠式的結構，是因爲作者所要諷刺的對象並不限於一人或一事，而是社會的風氣或習俗，藉着一人一事所能表現的只是社會的某一方面，因此作者只好將許多個案串連起來，以達到社會諷刺的廣面。

又從語言的運用來說，本書作者充分活用了成語、土話，以及種種諧謔的語言，並以夸飾的形容，來强調書中形形色色的人物，因此使得其諷刺能有趣的表達出來，而不流於尖酸晦澀。

由這些分析，筆者認爲斬鬼傳在小說史上應當有其重要的一席地位。

至於平鬼傳，則是模仿斬鬼傳之作，筆者認爲無論從人物的塑造方面或文字的運用方面來說，都比不上斬鬼傳，其文學價值與在文學史上的地位應當都不如斬鬼傳重要，所以筆者對該書的評論，只抽其重點與斬鬼傳相較，而不作詳細的分析。

第二篇　鍾馗神話的探討

第一章　鍾馗神話的內涵

第一節　鍾馗的神話與信仰

在我們的傳統社會裡，鍾馗是一位普受人們信奉與膜拜的神靈，人們將他當作護宅安身，能斬邪驅鬼，逐除種種不祥的守護神。他在人們心目中的地位，與普受崇奉的情形，以明代無名氏的雜劇「桃符記」裡描述他出場時所說的一句話：「我是國家正神，受萬民之香火」（註一）來形容，最爲恰當不過。清朝雍正年間所編，至今仍然廣爲流傳的家庭通俗禮儀類書「家禮大成」將他和玉帝、元始天尊、觀音大士、呂仙祖等民間信仰最爲廣被的少數神靈同列（註二），更是他深入民間，廣受膜拜的最好說明。每當逢年過節，爲祈求平安，祛除邪祟，懸掛鍾馗圖像、扮鍾馗戲的習俗，至今仍隨處可見。

鍾馗之所以爲人普遍信奉，其由來和關公、岳飛等之受奉爲神，本質上是有所不同的，因爲他畢竟不是歷史人物或文化英雄；和民間之膜拜齊天大聖或哪吒三太子等也有所差別，因爲他不是由小說故事所塑造催化出來的。

這麼一位普遍深入社會民間的神靈，當然會有著一些關於他的神話與傳說。因爲他不是歷史人物，所以有關他的神話，不是憑依歷史的記載而來；他也不是小說塑造催化而出的神靈，所以他的神話也不是憑空而生。以流傳於世的鍾馗神話來說，它是附着於鍾馗信仰的產物。也就是說，是先有了鍾馗信仰這一事實，然後才有鍾馗神話，鍾馗神話就是鍾馗信仰的解說。

因爲鍾馗神話是附着於鍾馗信仰而產生，兩者有著非常密切的關係，所以我們要探索鍾馗神話的意義，就不能只纏繞在神話故事本身，而忽視了鍾馗信仰的實際。這也就是說，鍾馗神話的探索，與鍾馗信仰的研究，其實是互爲表裡，二而爲一的事。

以可靠的文獻資料來說，鍾馗信仰的流行，至少在唐代初年即已存在。成書於唐中宗神龍二年（公元七〇六）的韻書，王仁煦的切韻裡就有「鍾馗，神名」的記載（註三）。玄宗時代的大臣張說（公元六六七－七三〇）也曾經寫過「謝賜鍾馗及歷日表」，德宗時期的大文學家劉禹錫（公元七七二－八四二）更爲我們留下了他代別人所作的二道同類的表章。

由於有關唐代鍾馗信仰的記載，除了這幾道表章及宋明人的筆記引錄的鍾馗神話故事以外，並不多見，所以底下將二人所寫的表章選錄兩篇，以便作更一步的說明。

張說的「謝賜鍾馗及歷日表」云：

臣某言，中使至，奉宣聖旨，賜臣畫鍾馗一，及新歷日一軸者，猥降王人，俯臨私室，榮鍾睿澤，寵被恩輝。臣某中謝，臣伏以星紀迴天，陽和應律，萬國仰維新之慶，九霄垂湛露之恩，爰及下臣，亦承殊賜。屏袪群厲，繢神像以無邪。允授人時，頒歷書而敬授。臣性惟愚儒，才與職乖，特蒙聖慈，委以信任，旣負叨榮之責，益懷非據之憂，積愧心顏，難勝惕厲，豈謂光迴蓬蓽，念等勳賢，慶賜之榮，賤微常及，感深犬馬，戴重丘山，無任感荷之至（註四）。

劉禹錫的「爲淮南杜相公謝賜鍾馗歷日表」云：

臣某言，高品某乙至，奉宣聖旨，賜臣畫鍾馗一，新歷日一軸，星紀方迴，雖逢歲暮，恩輝忽降，已覺春來，臣某中謝，伏以圖寫威神，驅除群厲，頒行律歷，敬授四時，施張有嚴，旣增門戶之貴，動用叶吉，常爲掌握之珍，瞻仰披尋，皆知聖澤，無任欣戴之至（註五）。

他所寫的另外一篇「爲李中丞謝賜鍾馗歷日表」，內容大抵相同，故不再引錄。

就這兩篇表章所包涵的內容來說，我們可以看出一個事實，卽鍾馗是當時君臣上下所共同信仰的神靈，而且他們對這一個信仰相當的重視，否則皇帝不會以鍾馗的神像頒賜給他的大臣，而大臣也以此爲榮。另外，我們更可以由此看出有關鍾馗信仰的兩大特質，其一，鍾馗是一位專門驅邪逐厲的神靈，所謂的「屛袪群厲，繢神像以無邪」，「圖寫威神，驅除群厲」，就是指此而言。其二，鍾馗的信奉與年終歲除有著特殊密切的關係，可以說鍾馗就是年節行事所祀奉的神靈，因此皇帝總在歲暮之時，將鍾馗圖像與新歷日一起頒賜給大臣。

這二個特點也正是鍾馗之有別於其他神靈的地方。

對於鍾馗的信仰有更詳細而具體的記載的，大概是從宋朝開始。

在宋朝，皇帝仍有於歲末時節頒賜鍾馗圖像給大臣的事例，沈括夢溪筆談補筆談卷三云：「禁中舊有吳道子畫鍾馗……熙寧五年，上令書工摹搨鐫板，印賜兩府輔臣各一本。是歲除夜，遣入內供奉官梁楷就東西府給賜鍾馗之象」（註六）。

而年終歲除之際祀奉鍾馗以驅祟迎新的習俗，自禁中以及於庶民，莫不皆然。孟元老的東京夢華錄卷十，十二月條云：「近歲節，市井皆印賣門神、鍾馗、桃板、桃符，及財門鈍驢，回頭鹿馬、天行帖子」（註七）。除夕條云：「至除日，禁中呈大儺儀，並用皇城親事官、諸班直戴假面，繡畫色衣，執金鎗龍旗。教坊使孟景初身品魁偉，貫全副金鍍銅甲裝將軍。用鎮殿將軍二人，亦介冑，裝門神。教坊南河炭醜惡魁肥，裝判官。又裝鍾馗、小妹、土地、竈神之類，共千餘人，自禁中驅祟出南薰門外轉龍彎，謂之『埋祟』而罷。」（註八）。

吳自牧的夢粱錄以及周密的武林舊事也有類似的記載。夢粱錄卷六，十二月條云：「歲旦在邇，席鋪百貨，畫門神桃符，迎春牌兒，紙馬鋪印鍾馗、財馬、迴頭馬等，饋與主顧。」「自入此月，街市有貧丐者三五人爲一隊，裝神鬼、判官、鍾馗、小妹等形，敲鑼擊鼓，沿門乞錢，俗呼爲『打夜胡』，亦驅儺之意。」（註九）。除夜條云：「士庶家不論大小家，俱洒掃門閭，去塵穢，淨庭戶，換門神，挂鍾馗，釘桃符，貼六甲、神兵、五方鬼使、竈君、土地、門戶、神尉等神，自禁中動鼓吹，驅祟出東華門外，轉龍池灣，謂之『埋祟』而罷。」（註一〇）

春牌，祭祀祖宗。」「禁中除夜呈大驅儺儀，……以教樂所伶工裝將軍、符使、判官、鍾馗、六丁、

武林舊事卷三，歲晚節物條云：「都下自十月以來，朝天門內競售錦裝、新歷、諸般大小門神、桃符、鍾馗、狻猊、虎頭，及金綵縷花、春帖旛勝之類，為市甚勝。」（註一一）

由以上這些記載，我們知道，對於鍾馗的信仰，在年節的時候不只家家戶戶懸掛圖像，而且不論在禁中，在街市，人們還裝扮成鍾馗的形狀成群結隊，敲鑼擊鼓，以求達到驅逐邪祟，祈求平安的目的。

這種裝扮成鍾馗形狀，在年終歲除之際沿街跳舞逐鬼的習俗，後來就叫「跳鍾馗」。

清朝道光年間顧祿的清嘉錄十二月部跳鍾馗條云：「丐者衣壞甲冑，裝鍾馗，沿門跳舞以逐鬼，亦月朔始，屆除夕而止，謂之跳鍾馗。」（註一二）這種習俗至今在民間仍然到處可見。

鍾馗的信仰，本來專屬於年節行事，但是由於他專能驅邪逐鬼，所以後來又變成了五月節時所祀奉的神靈。因為五月一向就被認為是「惡月，多禁忌」（註一三），而端午節則更是五毒會集，邪祟滋生的惡日，在這天懸掛鍾馗圖像正是取其驅邪除祟之意。

清嘉錄五月部挂鍾馗圖條云：「堂中挂鍾馗畫圖一月，以祛邪魅。」（註一四）

光緒年間富察敦崇的燕京歲時記云：「每至端陽，市肆間用尺幅黃紙蓋以硃印，或繪畫天師鍾馗

之像，或繪畫五毒符咒之形，懸而售之，都人士爭相購買，粘之中門以避祟惡。」（註一五）

這種五月懸掛鍾馗圖像以辟邪的信仰，大約起於清朝中葉前後，清初以前，未見有類似的記載。前引清嘉錄五月掛鍾馗條後引江震志云：「五日，堂中懸鍾馗畫像，謂舊俗所未有。」（註一六）

雖然對鍾馗的信仰後來有了這一點改變，即鍾馗也變成了五月所奉祀的神靈，但是，年終歲除之際街坊跳鍾馗的習俗卻仍保存。也就是說，鍾馗信仰中與年節有關的這一本來特色並未消失。五月之祀鍾馗，只是由原來的信仰中，他之爲專能驅厲辟邪的神靈這一特點所衍發出來的結果。後來民間之所以又將他當作「鎭宅靈官」，道士以他爲「硃砂判者」，在開壇作法，或替神像、龍王「開光」，請他來「鎭壇」（註一七），也無非都是由他的這一特點導引而來。

由以上的資料與分析，我們可以明顯的看出，有關鍾馗信仰的兩大特質，其一，他是驅厲除祟的神靈，其二，特別是在年終歲除之際才爲人所祀奉，自唐代以來，並沒多大的改變。後來的人雖然又將他移作五月的辟邪之神，或將他當作鎭宅之神，但是，這也都是由他原來作爲驅厲辟邪之神的這一特質所擴散出去的，本質上，原來的特色並沒有消失。而人們在年節祀奉他時，除了懸掛他的圖像之外，更裝扮成他的形狀，成群結隊，敲鑼擊鼓的舉行驅厲逐祟的儀式，這也是鍾馗信仰的另一特色。

第二節　鍾馗神話的內容

不管歷來學者對於神話的定義與屬性有多少不同的看法，我們同意神話學家科克（G. S. Kirk）的見解，神話應當是一個有頭有尾，有中間，並具有戲劇結構與高潮的故事（註一八），因此，雖然由張說的「謝賜鍾馗及歷日表」等資料，我們知道了至少在唐朝初年就有鍾馗信仰的事實，但是，卻不能說事實就是鍾馗的神話，因爲信仰本身並不等於神話。神話指的是有關這個信仰來龍去脈的故事而言。

故事是古老的傳統社會裡人與人之間藉以相互表意傳達的重要形式之一，神話之能流傳廣被，就因爲它的故事性。但是一個神話的流傳，除了有其故事性以外，更有其傳統性。所以一個普遍流傳的神話，每每在未見諸文字記載以前，就以傳統口口相傳的表達方式，代代相傳了（註一九）。

關於鍾馗之爲驅厲除祟神靈的信仰，雖然由可靠的資料我們只能說它至少在唐代初年就已流行，但是「鍾馗」這一名稱和「辟邪」有關，並被採用爲人名的事實，卻早在南北朝時已經存在（考見下章）。也就是說，「鍾馗」和「辟邪」有所關聯的觀念，早在唐朝以前就已流傳，只不過我們沒有發現將他當作神靈來祀奉的記載而已。或許，早在唐代以前就已經有了關於鍾馗的神話也不一定，但是，因爲未曾見之於文獻記載，一切的推測都屬罔然。

雖然對於鍾馗的信仰至少在唐代初年卽已流行，鍾馗與辟邪有關的看法也早在南北朝就已存在，但是我們現在所能看到的眞正的鍾馗的神話，卻只以見之於宋人筆記所載的爲最早。

北宋時沈括（公元一〇三一—一〇九五）的夢溪筆談補筆談卷三所載的鍾馗故事，就是我們現在所能見到的最早的鍾馗神話，補筆談云：「禁中舊有吳道子畫鍾馗，其卷首有唐人題記曰：明皇開元講武驪山，歲暮，翠華還宮，上不懌，因痁作，將踰月，巫醫殫伎不能致良。忽一夕，夢二鬼，一大、一小。其小者衣絳犢鼻，屨一足，跣一足，懸一屨，搢一大筠紙扇，竊太眞紫香囊及上玉笛，遶殿而奔。其大者戴帽，衣藍裳，袒一臂，鞹雙足，乃捉其小者，刳其目，然後擘而啖之。上問大者曰：『爾何人也？』奏云：『臣鍾馗氏，卽武舉不捷之士也。誓與陛下除天下之妖孽。』夢覺，痁若頓瘳，而體益壯。乃詔畫工吳道子，告之以夢，曰：『試爲朕如夢圖之。』道子奉旨，恍若有覩，立筆圖訖以進，上瞠視久之，撫几曰：『是卿與朕同夢耳。何肖若此哉！』道子進曰：『陛下憂勞宵旰，以衡石妨膳，而痁得犯之。果有蠲邪之物，以衞聖德。』因舞蹈，上千萬歲壽。上大悅，勞之百金，批曰：『靈祇應夢，厥疾全瘳。烈士除妖，實須稱獎。因圖異狀，頒顯有司。歲暮驅除，可宜徧識，以祛邪魅，兼靜妖氛。仍告天下，悉令知悉。』」（註二〇）

時代稍晚於沈括的高承（註二一），在他所作的事物紀原卷八中也有鍾馗一條：「開元中，明皇病痁，居小殿，夢一小鬼，鞹一足，懸一屨於腰間，竊太眞紫香囊及拈玉笛吹之，頗喧擾，上叱之，曰：『臣虛耗也。』上怒，欲呼武士，見一大鬼，頂破帽，衣藍袍，束角帶，徑捉小鬼，以指刳其目，擘而啖之，上問爲誰，對曰：『臣終南進士鍾馗也，因應舉不捷，觸殿階而死，奉旨賜綠袍而葬，誓除天下虛耗妖孽。』言訖，覺而疾愈，乃召吳道子圖之，上賞其神妙，賜以百金，是以今人畫其像於門也。」（註二二）

事物紀原該條所載的鍾馗神話，雖然故事大體上與補筆談相同，但是我們仍然可以看出其中的一些差異：補筆談說明皇得病是講武驪山之後，鍾馗自稱是「武舉不捷之士」；事物紀原則不提明皇講武之事，而鍾馗自述已變成「終南進士鍾馗」「因應舉不捷，觸殿階而死，奉旨賜綠袍而葬，誓除天下虛耗妖孽。」這一個改變，使鍾馗由一個參加武舉的人，變成了文科的進士，並且將鍾馗之顯靈應夢，說成了是爲感皇恩而救駕。而鍾馗也由來歷不明之人變成了「終南」進士了。另外，在補筆談的故事裡，小鬼是沒有名稱的，在事物紀原裡，小鬼也有了「虛耗」的名字；而補筆談只說小鬼「竊太眞紫香囊及上玉笛，遶殿而奔」，而事物紀原卻說小鬼「竊太眞紫香囊及拈玉笛吹之，頗喧擾。」

由這些差異，我們可以看出雖然事物紀原的文字並不比補筆談繁富，但是其所述的鍾馗故事，人物已有了更具體的形象，情節的安排也更富於戲劇性。很明顯的，鍾馗的神話，形式上已由原來簡單樸素的面貌轉變爲更具寫實性，有前後首尾與高潮的完整故事了。（註二三）

明朝陳燿文（萬曆年間人）所編的類書天中記裡也有「夢鍾馗」一條，記載鍾馗的神話，註出唐逸史，故事與補筆談、事物紀原所載者雖仍大體相同，但也有所差別，全文如下：「明皇開元講武驪山，上不悅，因痁疾作，晝夢一小鬼，衣絳犢鼻，跣一足，履一足，腰懸一履，搢一筠扇，盜太眞繡香囊及上玉笛，繞殿奔戲上前，上叱問之，小鬼奏曰：『臣乃虛耗也。』上曰：『未聞虛耗之名。』小鬼奏曰：『虛者，望虛空中盜人物如戲；耗卽耗人家喜事成憂。』上怒，欲呼武士。俄見一大鬼，頂破帽，衣藍袍，繫角帶，靸朝靴，徑捉小鬼。先刳其目，然後劈而啖之。上問大者：『爾何人也？

』奏云：『臣終南山進士也，因武德中應舉不捷，羞歸故里，觸殿階而死。是時，奉旨賜綠袍以葬之，感恩發誓，與我王除天下虛耗妖孽之事。』言訖夢覺，痁疾頓瘳，乃詔畫工吳道子曰：『試與朕如夢圖之。』道子奉旨，恍若有覩，立筆成圖，進呈，上視久之，撫几曰：『是卿與朕同夢耳。』賜與百金。」（註二四）

唐逸史今已不可見，但由書名就可以判斷它應當是唐朝以後的著作。天中記所引的這篇鍾馗神話，就內容上來說，剛好是前面兩篇的綜合，而在人物與情節的描繪方面，則比前兩篇都更具有寫實性與戲劇性。

譬如在補筆談裡，小鬼沒有名稱，在事物紀原裡雖有了名稱，但所提及的只是小鬼自稱「虛耗」而已。而天中記所引的這篇故事，卻不僅如此，它更造出了玄宗與小鬼的一段對話。這一段對話的作用，不只說明了小鬼的特性，並且爲下文「上怒，欲呼武士」這一個果找出了因，使得整段情節的發展更爲合理而生動。

又如，鍾馗自述的一段，在補筆談裡只說：「臣鍾馗氏，即武舉不捷之士也，誓與陛下除天下之妖孽。」在事物紀原裡變成了：「臣終南進士鍾馗也，因應舉不捷，觸殿階而死，奉旨賜綠袍而葬，誓除天下虛耗妖孽。」在天中記裡更變成了：「臣終南山進士也，因武德中應舉不捷，羞歸故里，觸殿階而死，是時奉旨賜綠袍以葬之，感恩發誓，與我王除天下虛耗妖孽之事。」三者相較之下，簡樸與細緻之別立見，而「武德（唐高祖年號）中應舉不捷」一句，更顯然是「武舉不捷」一辭的分化而成。

在補筆談裡，只是一句平淡的話，模糊的點出了鍾馗的身分，由這一句話，我們並不能知道他是什麼時候，什麼地方的人，我們也不能知道他爲什麼在武舉不捷之後就誓爲皇帝除天下的妖孽。

在事物紀原裡，這一句平淡的話已經擴張爲具有戲劇性的情節。我們不只知道了他是什麼地方人，也稍微知道了他應舉不第之後，誓除天下虛耗妖孽的原因，大概是因爲皇帝在他死後賜綠袍葬他。

而在天中記的故事裡，我們不只知道他是什麼地方人，更知道他是什麼時候的人。鍾馗的出身，因而有了具體的時空背景。此外，我們更知道，鍾馗之會死，是因爲應舉不捷，「羞歸故里」；而他之會顯靈爲皇帝除妖孽，則是因爲他死時皇帝賜綠袍葬他，他「感恩發誓」而來。「羞歸故里」「感恩發誓」這些心理與情緒語言的運用，不只使前後事件的因果關聯更爲緊密，更充分的加强了情節的戲劇性，使得整篇故事顯得更爲完整而緊湊。

由這些比較，我們應當可以確定，這三篇故事在時間的先後秩序上，當以補筆談所引的爲最早，事物紀原所紀的次之，天中紀所載的故事則最爲晚出。由這個先後次序，我們可以清楚的看出，一個神話隨著時間的推移，由原來粗陋的形態，逐漸發展成首尾完整，結構緊密的故事的演變過程。

鍾馗神話的內容，到天中記裡的這篇故事，可以說大體上已經完備而定型。以後其他有關鍾馗神話的描述，大抵即以此篇故事的架構爲依據。以收羅歷代民間所奉祀的神靈神話爲主的三教搜神大全一書，裡頭所載的鍾馗神話，幾乎就是該篇的轉錄（註二五）。後來通俗小說與戲曲裡演述的鍾馗神話，雖然繁簡各有不同，但在敍述他出身與成神經過的這些重要情節方面，卻都是依循該篇原來的架構而展開，並沒逸出原來的框框。

當然，神話的流傳與其他各種民間故事（Folk Tale）一樣，中心主題雖然通常不改，其傳述的方式與細節卻會隨著時代的需要或演述人興趣的不同而有所改變（註二六），通俗小說與戲曲中的鍾馗故事，難免也會爲因應觀衆或讀者的需求，而在原來的情節之上，加添枝葉。但是這些改變或添加的情節與描寫，無非都在於使鍾馗的形象更落實於現實世間，使他的故事更爲感人而已，對於他因落第感憤而死，然後受奉爲驅邪逐鬼的神靈，這幾個基本特點，卻都沒有改變。

譬言明代無名氏的「慶豐年五鬼鬧鍾馗雜劇」（註二七），雖然重點頗爲着重在五鬼鬧鍾馗的熱鬧場面，但這些場面只是嵌合在他應舉、被黜、憤亡、顯靈、受封等原來鍾馗神話的主要情節之上，對於原來故事的主題與架構並無改變。

又戲裡對鍾馗來歷的詳細介紹，說他字君實，終南山終南縣甘河鎮人，則是將原來神話裡的敍述更加引申，使得他的形象因而更加鮮明而切合現實。這是神話故事往後發展，一步步落實於民間社會的必然現象。在其他通俗小說戲曲中，對鍾馗來歷的介紹，也都比原來的故事更爲具體清楚。

而戲中除了一再强調鍾馗的爲人正直之外，更托出了一個相對的角色，奸臣楊國忠。鍾馗曾經兩度應試，都因爲楊國忠的排斥而下第。後來再受縣官的催促，勉强第三度應試，仍爲楊國忠黜落，因而氣憤而死。這些情節的安排，不只投合了流俗對忠奸對立這種故事模式的喜好，更加强了戲劇效果，使人對鍾馗的處境更加的同情。

另外，因爲這齣戲是內廷歲首供奉的吉祥戲，所以結尾處將他顯靈託夢的對象，由皇帝改成了朝中的大臣，這明顯的是爲了避免觸犯皇帝忌諱的安排。

這齣戲裡這些改變與增添的情節，顯然大部份是爲了順應當時社會環境的需求，更爲了切合戲劇演出的特殊效果而來，但是，無論細節上如何的不同，對於鍾馗神話原來的一些特質，卻並沒有多少改變，這種現象正符合了我們前面的理論。

在通俗小說中的鍾馗神話，雖然情節上也有許多的增添或修改，但不背離原來神話的主題卻也一樣。有關鍾馗神話的小說，下文另有專章談論，此不具述。

而後世又有關於鍾馗小妹的傳說，崑曲中也有「鍾馗嫁妹」一劇的流行（註二八），儼然鍾馗確有小妹，可是在前述的種種鍾馗神話裡却從不見提及。這一個問題留待下文考證鍾馗神話的起源時一併討論。因爲小妹的問題與鍾馗神話的主題意義關係並不大。

「鍾馗嫁妹」一劇，雖然主題偏重於「嫁妹」一事，但劇裡仍有鍾馗出身與成神由來的敍述。與「五鬼鬧鍾馗」一樣，雖另有枝節，其特色與主題卻仍依循原來神話的架構，所以不必再加以引論分析。

由以上資料的排比分析，我們可以發現，有關鍾馗故事的記載雖然不少，但是對於鍾馗的來歷與成神經過的描述，卻都不脫天中記所引及其他更早二篇的範圍。這也就是說，鍾馗神話的主要內容，在天中記等所引的故事裡卽已完整，其他後來添加的情節不過是些枝節而已。因此本篇對於鍾馗神話的研究，其範圍大抵卽以補筆談及天中記等所引的鍾馗故事爲主。

前面我們說過，鍾馗的神話與鍾馗的信仰是二而爲一，相爲表裡的關係，就前文引述的鍾馗神話來說，在它表面的故事底下，所蘊含的意義及一些特點，正是對鍾馗信仰的解說。譬如，它說明了鍾馗之所以受奉爲驅厲逐鬼的神靈，是因爲他顯靈吃殺小鬼，治愈了玄宗皇帝的病。而人們之所以在年終歲除時才特別的奉祀鍾馗，是因爲玄宗患病時正值歲暮。當然鍾馗神話所表示的特色並不僅止於這兩點，而原來事實的眞相也並非如此，但僅此已足以說明它和鍾馗信仰的關係。

而我們前面也提到，鍾馗神話是憑依鍾馗信仰而來，而不是鍾馗信仰因鍾馗神話而生，理由之一是本節開始時卽已指出的一個事實：鍾馗的信仰，尤其是鍾馗與辟邪有關的觀念，早在鍾馗神話產生之前卽已存在。其他的論點以及有關鍾馗神話的諸特色，下文進一步分析時將再論及。

第三節　鍾馗神話的本質與研究的方向

儘管歷來研究神話的學者，對於「神話」一詞的定義，也就是說對於「神話是什麼」的解釋，有著許多紛歧的說法，但是不論那一種說法，幾乎都同意，一個眞正的神話，絕不是憑空存在的，它一定與人世間實際的某些自然或人文的現象有關（註二九）。以法國神話學家伊利德（Mircea Eliade

）的話來說，神話講的是一件「眞實」的故事（註三〇）。

我們也知道，鍾馗神話並不是空穴來風，無中生有，而是與鍾馗的信仰相爲表裡，附着於鍾馗信仰的產物。掀開這個神話的神秘外衣，我們看到的事實是一件存在已久的驅疫逐祟的儀式。借用英國人類學家馬凌諸斯基（B. Malinowski ）的話來說，這個神話既「不是出於哲學興趣而對事物起源作粗淺的臆測」「也不是對自然沉思冥想所得出的結果」，而是「某事件的歷史陳述，爲某種巫術的眞實性作一次保證」（註三一）。也就是說，這個神話是對於存在已久的鍾馗信仰——驅厲逐鬼的巫術——的陳述，它產生的意義卽在於爲鍾馗信仰找出合理的憑據，爲這個信仰的効力提出一個保證。

對於鍾馗神話的本質先有了這個認識，然後才能確定鍾馗神話的研究方向。

既然我們知道鍾馗神話只是鍾馗信仰的陳述，那麼我們要對這個神話的意義有所了解，就得直探它的底層，也就是它所陳述的「眞實」的故事本身。因此，鍾馗信仰的實際與它的來龍去脈，也就當然的成了我們研究的重點所在。如果我們能夠了解鍾馗信仰的來龍去脈與涵意，相信對於整個鍾馗神話的構成與意義也就一清二楚了。

神話中的人物多半是人格化的，一個人格化的神靈，往往會隨著時間的推移，漸漸趨向於具體化、現實化，有時就會儼然成了歷史人物。

原爲地名的「西王母」，既訛爲女仙以後，隨著時間的衍變，終於變成了一位有名有姓，子女一大群的仙女之王。而原來無名無姓的天帝、竈君等的出身，到後來也都落實於世間（註三二），就是這個道理。

鍾馗信仰的實質是年年定期舉行的驅厲逐邪的儀式，但是在神話中，爲了使得他的形象具體而鮮明，當然免不了就要牽合於歷史，使他與歷史人物有著密切的關係。因此，歷來研究鍾馗的學者，就多半偏重於以「歷史的眼光」來澄清「鍾馗」的身份，也就是說偏重於「鍾馗」一名由來的考證，而較少注意到信仰這件事實本身的探索。

本篇的研究，除了對於「鍾馗」一名的由來作了必要的追索之外，更著重於「信仰」本身由來及意義的分析，因爲惟有如此，才能正本清源，使鍾馗神話的本來面目，清晰的呈現出來。

註釋

一　闕名：大乙仙夜斷桃符記，收於孤本元明雜劇中，所引見第四折。明倫出版社，民國六十三年十二月出版。

二　呂子振輯，楊鑑重校，家禮大成，瑞成書局民國六十七年十二月再版，頁一四二—一四四。

三　大方，鍾馗故事的衍變，大陸雜誌第四卷第十一期，頁十七。

四　欽定全唐文，文友書店，民國六十一年八月出版，卷二百二十三，頁十六—十七。

五　前引書，卷六百零二，頁九—十。

六　沈括，夢溪筆談，胡道靜新校正本。鼎文書局，民國六十六年九月初版，頁三二一。

七　東京夢華錄（外四種），古亭書屋，民國六十四年八月台一版，頁六十一。

八　前引書，頁六十二。

九　前引書，頁一八一。

一〇　前引書，頁一八一—一八二。

一一　前引書，頁三八四。

一二　顧祿，清嘉錄，商務印書館，民國六十五年六月初版，卷十二，葉一下。

一三　宗懍，荊楚歲時記，中華書局四部備要本，葉七下。

一四　顧祿，前引書，卷五一，葉二上。

一五　富察敦崇，燕京歲時記，廣文書局，民國五八年九月出版，頁六二—六三。

一六　顧祿，前引書，卷五葉二下。

一七　黃石，端午禮俗史，鼎文書局，民國六八年五月初版，頁一七二。

一八　G. S. Kirk, The Nature of Greek Myths, Penguin Books, 1974, P.27.

一九　Ibid, PP.27—29.

並參考林惠祥，文化人類學，商務印書館，民國六十五年六月台五版，頁三三四。

二〇　沈括，前引書，頁三二〇—三二一。

二一　據四庫全書總目對事物紀原的考訂，今所傳該書雖爲明朝正統間南昌簡敬所刊，實爲高承所撰，高承爲北宋元豐年間人。該書所錄「鍾馗」一條之後且引有補筆談之考證語，故知高承時代晚於沈括。

二二　高承，事務紀原，卷八，商務印書館，叢書集成簡編，民國五十五年六月臺一版，頁三〇〇—三〇一。

二三　Ian Watt 在他的 The Rise of the Novel 一書第一章中，提出形式寫實主義（Formal realism）的觀念，之所以加上形式一詞，因其所指與一般所謂的寫實主義有別。在形式寫實主義所具的幾個特點中，有二個特點，即①特定的人物、時間、地點，②明確的歷史背景是最重要而且必須的。本篇所指「形式上更趨於寫實」的說法，即借用其觀念。

See: Ian Watt, The Rise of the Novel, Penguin Books, 1977, PP. 10—33.

二四　陳耀文，天中記，藝文印書館，卷四，葉二十五上下。

二五　無名氏，三教源流搜神大全，宣統元年正月葉德輝序刊本，卷三，葉二十五上。據葉序中考證，謂此書乃明人據「元板畫像搜神廣記」一書所重刻。

二六　G. S. Kirk, Ibid, P. 30, P. 39.

並參考張光直，中國創世神話之分析與古史研究，中央研究院民族研究所集刊第八期，民國四十八年出版，頁六四—六五。

二七　無名氏，慶豐年五鬼鬧鍾馗雜劇，收於全明雜劇第十冊，鼎文書局，民國六十八年六月初版。

二八　無名氏，嫁妹一折，收於蓬瀛曲集蒲葵傳中，中華書局，民國六十一年十一月台一版，頁三一—四四。

二九　在G. S. Kirk 的前引書中，曾將歷來有關「神話」定義的學說歸納爲五大派別，第一派以麥克司繆勒（Max Muller）爲代表，認爲所有的神話都是自然神話（Nature Myths），而神話之產生則來自語言的謬誤（disease of language）。第二派以安德郎（Andrew Lang）爲代表，認爲所有的神話都是關於眞實世間某種事物的起源或解說，可以稱作起源論（Aetiology）。第三派以馬凌諾斯基（B. Malinowski）爲代表，即所謂的功能學派，認爲神話是習俗、制度或信仰的證明文件（Charters）。第四派以伊利德（Mircea Eliade）爲代表，認爲所有神話的目的在於追憶或者可以說重建創造時代（Creative era），這種意願不僅是懷鄉思古而已，並包含著對於黃金時代（Golden Age）的想望。第五派以羅勃遜史密斯（W. Robertson Smith）及弗雷則（J. G. Frazer）爲代表，認爲所有的神話都與儀式（宗教或巫術的）有關。幾乎可以說每一派的理論，都認爲神話與實際的世間事物有關，沒有無中生有的。

See, G. S. Kirk, Ibid, PP. 43－68.

三〇　Mircea Eliade, Myths, Dreams, and Mysteries, Trans. by Philip Mairet, Harper Colophon Books, 1960, P. 15.

三一　馬凌諾斯基（B. Malinowski）著，朱岑樓譯，巫術、科學與宗教，協志工業叢書出版股份有限公司，民國六十七年九月初版，頁六一－六二。

功能學派的神話理論，對於神話的解釋雖然有許多不周延之處，而我們也不盡同意凡是神話都與宗教或巫術的儀式有關的理論（參看G. S. Kirk 前引書 PP.59 ～ 68的批評），但是以馬凌諾斯基的這些話來說明一些與信仰有關的神話，却最能看出這些神話的特性。

三二　段成式，酉陽雜俎前集卷十四云：「天翁姓張，名堅，字刺渴，漁陽人。」「西王母姓楊諱回，治崑崙西北隅，以丁丑日死。一日婉姈。」「竈神名隗，狀如美女。又姓張，名單，字子郭，夫人字卿忌，有六女，皆名察。」又胡應麟少室山房筆叢卷四十三則記載有西王母衆多子女之傳說。這些名號都是後來附會上去的，前人對此的考證已多，不必詳舉。

第二章　有關鍾馗起源的幾種說法

第一節　鍾馗即終葵的轉化之說

因爲鍾馗的神話把鍾馗和唐玄宗扯上了關係，將他說成了似乎是眞的歷史人物，因此歷來研究鍾馗神話的學者，往往就把他們注意的重心擺在對這件「史實」的辨正之上，專注於「鍾馗」一名的溯原與考訂。

這種專對「鍾馗」之名的溯原與考訂，方法上可以說是歷史的，也是語源的，以這種方法來研究鍾馗神話，當然不會沒有用處，但是，如果因此而忽略了鍾馗信仰的實際內涵，顧此失彼的話，却無法獲致鍾馗神話的整個眞相。

鍾馗信仰的實際就是一種每年年終之際舉行的驅厲儀式，這種儀式在世界各地曾經普遍的存在過，在我國更有著相當長久的傳統，遠在春秋時代就已見之於文獻的記載，當時稱之爲大儺。

我們認爲鍾馗信仰就是這種有著古老傳統的大儺的轉化，不只因爲二者實行的目的相同，更因爲二者在相關的其他特徵上也都相似。討論鍾馗神話如果忽視了這個傳統的淵源，就無法把握到它的眞正面目。由於大儺本身也是一個複雜的問題，因此有關鍾馗信仰與大儺的關係，本書將另立專章討論，此不多贅。

雖然僅由「鍾馗」語源的考訂，無法了解整個鍾馗神話的眞相，但是，要清楚這種有著古老傳統的驅厲儀式，後來如何會轉化出以鍾馗爲驅邪神靈的信仰，却必須借助於對「鍾馗」這一名稱的充分認識，因此本章卽先從歷來學者對「鍾馗」起源及涵意的探究論起。而歷來學者所論，以主「終葵」之說者爲多，所以本節卽專就這一個說法，加以整理評論，其他各種說法，則合併於下節中討論。

沈括的補筆談在記錄了唐人題畫記所載的鍾馗故事之後，就對故事中以鍾馗爲起於玄宗時的說法提出了質疑，他說：「觀此題相記，似始於開元時。皇祐中，金陵上元縣發一家，有石誌，乃宋征西將軍宗慤母鄭夫人墓。夫人，漢大司農鄭衆女也。慤有妹名鍾馗。後魏有李鍾馗，隋將喬鍾馗、楊鍾馗。然則鍾馗之名，從來亦遠矣，非起於開元之時，開元之時，始有此畫耳。『鍾馗』字亦作『鍾葵』」（註一）。

雖然他這一段小考證將宋（南朝）宗慤的母親鄭夫人說成是漢朝大司農鄭衆的女兒，時代相隔未免太遠了些，但是指出鍾馗這一名稱早在唐朝之前卽已存在的事實，却爲後來考證鍾馗神話的人提供了重要線索。楊愼以及顧炎武等人卽循此路線再加考證，而提出了「鍾馗」乃「終葵」轉化而來的說法。

楊愼在他的丹鉛總錄「鍾葵、鍾馗、終葵」一條中云：「俗傳鍾馗起於唐明皇之夢，非也。蓋唐人戲作鍾馗傳，虛構其事，如毛穎、陶泓之類耳。北史堯暄本名鍾葵，字辟邪，後世畫鍾葵於門，謂之辟邪，由此傅會也。宋宗慤妹名鍾葵，後世畫工作鍾馗嫁妹圖，由此傅會也。但葵、馗二字異耳。又曰，終葵，菜名。周禮考工記：大圭終葵首。註：終葵，椎也。疏：齊人謂椎爲終葵。禮記玉藻：大子搢珽。註：挺然無所屈也，或謂之大圭，長三尺，於杼上又廣其首，方如椎頭，是謂無所屈，後則恒直。」（註二）。

胡應麟少室山房筆叢卷二十二論鍾馗條，曾引用楊子卮言（楊子卽楊愼）的話，所說與丹鉛總錄同中有異。胡氏引卮言之說云：「考工記曰：大圭首終葵。註：終葵，椎也，齊人名椎曰終葵。蓋言大圭之首似椎爾。金石錄：晉、宋人名以終葵爲名，其後訛爲鍾馗。俗畫一神像帖於門首，執椎以擊鬼，好怪者便傳會，說鍾馗能啖鬼。畫士又作鍾馗元夕出遊圖，又作鍾馗嫁妹圖，訛之又訛矣。文人又戲作鍾馗傳，言鍾馗爲開元進士，明皇夢見，命工畫之，尤爲無稽。按孫逖張說文集，有謝賜鍾馗畫表，先於開元久矣，亦如石敢當本急就章中虛擬人名，本無其人也。俗立石於門，書泰山石敢當，文人亦作石敢當傳，虛辭戲說也。昧者相傳，久之便謂眞有其人矣。」（註三）。

綜合楊氏前後兩說，主要的意思大抵以爲鍾馗是由「終葵」及「鍾葵」訛變而來，這是兩說的相同之處。但是總錄之說認爲由於「鍾葵」有「辟邪」之意，後世因此附會，乃畫鍾葵像於門首以辟邪，後來「鍾葵」訛爲「鍾馗」，鍾馗辟邪的說法因而產生。卮言的說法則認爲民間本來有貼一種神靈執椎擊鬼圖的習俗，因爲神像所執的「椎」，在齊地的方言又稱作「終葵」，後世才由「終葵」而「

鍾馗」，附會出「鍾馗能啖鬼」的說法。這是前後兩說的不同之處。

這兩說頗相矛盾，也都各有缺點。第一種說法認爲鍾馗的信仰是來自「鍾葵」與「辟邪」有關的附會。但是，前面我們已經指出，鍾馗信仰的特徵之一，就是與年節有特別的關聯。如果不能證明「鍾葵」之能「辟邪」的觀念及作用與年終行事有特殊關係的話，那麼這一種說法就難以成立。而楊氏對此並沒進一步的說明。

第二種說法認爲鍾馗信仰是由本來民間貼於門首的神靈「執椎擊鬼圖」轉化而來。我們知道，懸掛鍾馗神像的傳統，至少在唐玄宗時代即已流傳（前引張說的謝賜鍾馗曆日表可以爲證），在此之前，是否另有在年節之際懸掛其他神靈執椎擊鬼圖像的傳統，卻未可知，楊氏自己也沒有提出任何證據。因此，這二種說法也未免失之無據。

郎瑛的七修類稿及李時珍的本草綱目，也都有關於鍾馗神話的考證，但是他們的說法完全不出楊愼在丹鉛總錄所說的範圍之外，所以不再詳引（註四）。

楊氏或者郎氏等人的說法，雖然都有失周全，但是，他們從「終葵」「鍾葵」來解釋「鍾馗」的見解，卻是後來顧炎武、趙翼等人進一步研究鍾馗神話的先聲。

顧炎武日知錄卷三十二有「終葵」一條云：「考工記：大圭長三尺，杼上終葵首（原註：終葵，椎也，爲椎於其杼上，明無所屈也。）禮記玉藻：終葵，椎也。方言：齊人謂椎爲終葵。馬融廣成頌：翬（原註：揮同）終葵，揚關斧（原註：博雅作終揆）。蓋古人以椎逐鬼，若大儺之爲耳。今人於戶上畫鍾馗像，云唐時人能捕鬼者，玄宗嘗夢見之，事載沈存中補筆談，未必然也（原註：五代史，吳越世家：歲除，畫工獻鍾馗擊鬼圖）。魏書：堯暄本名鍾馗，字辟邪。則古人固以鍾馗爲辟邪之物矣。又有淮南王佗子名鍾葵，有楊鍾葵，丘鍾馗，李鍾馗，慕客鍾馗，喬鍾葵（原註：北史庶人諒傳作喬鍾馗；又恩倖傳末有宮鍾馗，馗字兩見，而揚義臣傳仍作喬鍾葵。），段鍾葵，于勁字鍾葵，張白澤本字鍾葵。唐書有王武俊將張鍾葵（原註：通鑑作終葵），則以此爲名者甚多。豈以其形似而名之，抑取辟邪之義與？左傳定四年，分康叔以殷民七族，有終葵氏，是又不可知其立名之意也」（註五）。

顧氏的說法，雖然自楊愼而來，但已較楊氏更爲具體。他認爲「終葵」就是「椎」，而古人有用「椎」擊鬼的儀式，像舉行大儺之時一樣。「鍾馗擊鬼」就是由「以椎（終葵）擊鬼」衍變而來。

他雖然提到大儺，但僅以之爲例，顯然的並不是以爲鍾馗信仰就是大儺的轉化。他的主要見解，實際上就等於說「鍾馗」是古人行擊鬼之儀時所用的「椎」的擬人化。趙翼的說法，就是顧氏這個見解的引申，趙氏說：「用修（即楊愼）之說較仁寶（即郎英）更詳，則鍾馗由堯終葵字辟邪之訛，固屬有因。而大圭之終葵何以轉爲人名之終葵，則未見的義。顧寧人乃引馬融廣成頌：揮終葵，揚玉斧，謂古人以椎逐鬼，如大儺之執戈揚盾，此說近之。蓋終葵本以逐鬼，後世以其有辟邪之用，遂取爲人名。流傳既久，則又忘其爲辟邪之物，而意其爲逐鬼之人，乃附會爲眞有是食鬼之姓鍾名馗者耳。」（註六）。

無論在巫術或宗教的儀式中，總有一些專門使用的「法物」，這些法物雖然有時與一般日常所用的器物相同，如各種容器、矛、箭等等，但是既在儀式上使用，這些法物本身便常常被認爲有靈力，而爲人們所崇拜（註七）。而在早期的人們心目中，靈力的存在就常被認爲是人格化的，經過長期崇拜的浸潤轉化，靈物與靈力再進一步具象化爲人形的（Anthropomorphic）神人，是不足爲異的（註八）。

鍾馗由「椎」轉化而來的說法，理論上是站得住脚的，問題就在於古人行逐鬼之儀時是不是眞的都用椎？顧氏所引以證的根據是否可信？

顧氏提出這個見解的根據是來自馬融廣成頌的一句話：「翬終葵，揚關斧」。但是這一句話本來指的卻不是逐鬼。馬融自己說他寫作廣成頌的初衷是因爲有感於「俗儒之士，以爲文德可興，武功宜廢，遂寢蒐狩之禮，息戰陳之法，故猾賊縱橫，乘此無備。」於是才「謹依舊文，重述蒐狩之義，作頌一篇」（註九）。可見他所寫的是關於狩獵戰陣之事。而該篇之中與「終葵」一句有關的前後文，所講的更與逐鬼之儀無關。玆將該段原文抄錄如下：「玆飛、宿沙、田開、古蠱，翬終葵，揚關斧，刊重冰，撥蟄戶，測潛鱗，踵介旅。」（註一〇）。所說的無非是如何狩獵的事。玆飛、宿沙、田開、古蠱都是古代傳說中善於漁獵的勇士。

顧氏引用廣成頌「翬終葵，揚關斧」這一句，頂多可以證明古人確實有以「椎」爲「終葵」的說法而已，却絕不足以證明古人逐鬼時用「椎」。因此由這一句話所推論出來的這個說法，雖然似乎言之成理，實際上却仍無法成立。古人逐疫鬼，或許有用椎爲法物的，但是引用廣成頌，卻不足爲據。以研究中國宗教聞名的漢學家格魯特（J. J. M. De Groot），在他的中國宗教體系（The Religious System of China）一書中，有討論關於鍾馗信仰的專章。他的主要見解也是顧炎之說的延申。

他根據周禮典瑞「王晉大圭，執鎭圭，繅藉五采五就以朝日」的記載（註一一），認爲王不只是國家最有權勢的人，同時也是地位最高的祭師。而日則代表驅逐黑暗之魔的光明之神。大圭的首「終葵」（卽椎），就是王在每年春分之際行祭日之禮時，用來驅逐黑暗勢力的象徵。鍾馗之所以來自「終葵」，道理就在於此。而後來「終葵」這兩個字之所以會衍變成「鍾馗」，則可能是由於經書上「終葵首」的記載，和鍾馗的「馗」字同有一個「首」的關係。

另外，在古代除了祭日的時候使用「椎」（終葵）以外，在其他像「儺」這種代表驅逐黑暗之魔的儀式當中，也使用「椎」。因此，後來的人便認爲「終葵」有「辟邪」的功用，而常取以爲名。但是，眞正使「終葵」這種祭日之用的東西轉變爲驅厲神靈鍾馗的契機，則是來自比鍾馗信仰發生早一百多年的堯暄。因爲堯暄本名鍾馗，字辟邪，是眞正將「鍾馗」和「辟邪」聯上明顯關係的首次。因爲堯暄是實際上的歷史人物，生存年代只比鍾馗信仰的發生早一百多年，所以後來的人很容易地便從他這個人名號上的暗示，而附會出一個驅厲辟邪的神人鍾馗來（註一二）。

格魯特氏的理論，主要在爲「終葵」之具有「辟邪」功能特性的看法，找出更多的依據，然後證明「鍾馗」確實由「終葵」轉化而來。

若說因爲「終葵」和「辟邪」有關，所以後來因此而演變出「鍾葵」、「鍾馗」等名稱也和「辟邪」有關的說法或許是對的，但是若要由此證明「鍾馗信仰」是由「大圭的首終葵」演變而來，卻說不過去。

格魯特說大圭之上的「終葵」是古代的王（卽天子）在春分之際祭日時所用的東西，用來代表替光明之神驅逐黑暗的勢力，所以就由「終葵」而產生了後來「驅厲」的「鍾馗信仰」。這種說法似乎很合邏輯，但是，這種象徵光明驅逐黑暗的祭日儀式，實際上是一種關於季節交換或晝夜更替的自然神話及信仰（註一三），而鍾馗信仰則是一種有關疾病及治療的巫術與神話的揉合，兩者在本質是有所分別的。因此，若要由這一點的强調，來說明鍾馗信仰的起源，就未免有所扞隔不入。

若說因爲鍾馗和辟邪有關，所以後來因此而借「鍾馗」之名來用在本來的驅厲儀式之上，倒是可通的說法。但是若說鍾馗信仰這種「驅厲逐鬼」的儀式，來自古代「祭日」所用的「終葵」，無論如何，却站不住脚。

將顧炎武與趙翼的說法稍加改變，提出新的見解的是日人永尾龍造。他認爲大圭卽是天子所用的玉笏。玉本身的光明無瑕，本來就常被認爲有辟邪除妖的靈力，大圭既然是天子所用，天子本身也就是權威的象徵，因此大圭被認爲具有驅邪除妖的功效是可想而知的事。而大圭的頭部作終葵（椎）形，更加强了其神聖感與權威性。他說，鍾馗的得名來自「終葵」，其有「辟邪」的觀念也來自「終葵」，但是，鍾馗之會被轉化爲人形的神靈，則是來自「大圭」形狀的聯想。他的理由是：大圭的頭是「終葵」形的，也就是「椎」形的，很像人的頭部，而其下半部長方形的形狀，則很像人的身軀，這種形狀若再加上一些包裹或裝飾，看起來就像一個穿著衣服的人。後世的鍾馗形象就是由大圭的這種形狀聯想而來。而因爲大圭是代表權威性的國之重寶，所以後世的鍾馗形狀也就顯得威嚴。據三禮圖所畫的信圭與躬圭，上面卽繪有人像，這人像卽是從大圭的形像聯想而來。（註一四）

前面我們已經指出，在宗教或巫術的儀式中所使用的法物，後來變成人們直接信奉的對象，進而被轉化爲人形化的神人，是經常可能有的事。而且如永尾龍造所說，大圭的形狀乍看之下似乎正如一個人的頭部與身軀之形，只要再加上一些覆蓋裝飾上去，是很像一個人。而古代的圭璋之類的東西，通常正是有著覆蓋或裝飾之物（註一五）。這種特殊形狀的禮器後來之可能會被轉化爲人形的神人，理論上是很說得過去的。

另外，他又認爲三禮圖上信圭及躬圭所繪的人像，就是來自大圭形狀的聯想，因而，認爲從大圭的形狀演變出鍾馗這位驅鬼辟邪的神人，是很正常的事。爲了使他的說明更爲清晰，也爲了我們對他這個說法的評論有所憑據，玆將禮書上所繪的大圭及信圭，躬圭圖樣附於下方。（註一六）。

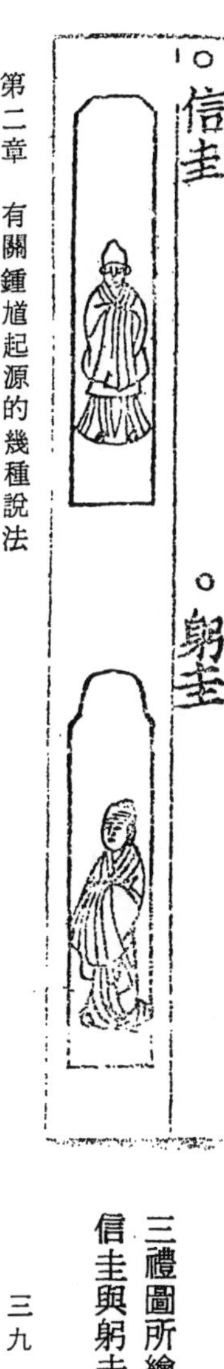

三禮圖所繪
信圭與躬圭

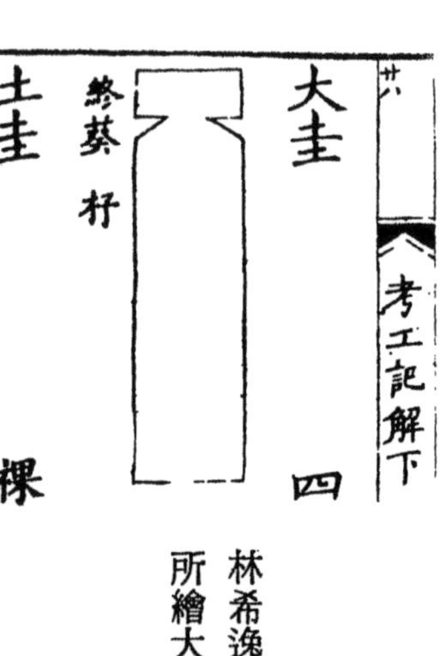

林希逸考工記解所繪大圭圖。

儘管他的這個說法在理論上似乎有一些可通的地方，但是，要由此來說明鍾馗信仰的起源，實際上卻也有很大的漏洞，不能成立。

大圭或信圭、躬圭這種東西，雖然是禮器，用在朝儀，也用在祭典，廣泛的說，應該也可以算是一種「法物」，但是它們原來的用途與特性與後來鍾馗信仰所具有的種種特徵，卻甚少關聯。

關於大圭的原來用途，除了前述典瑞的所謂「朝日」之說以外，古人尚有其他不同的說法。周禮考工記：「大圭長三尺，杼上終葵首，天子服之。」鄭玄註云：「王所搢大圭也，或謂之珽。」賈公彥疏云：「言服之者，以其攝於衣帶之間，同於衣服，故以服言之。」（註一七）。禮記玉藻：「天子搢珽，方正於天下也。」鄭玄註云：「此亦笏也，謂之珽。珽之言珽然無所屈也。或謂之大圭。」（註一八）。可見正如永尾龍造所說大圭也是天子平常上朝時所用的一種類似「笏」的東西。

至於信圭與躬圭，考工記云：「命圭七寸，謂之信圭，侯守之；命圭七寸，謂之躬圭，伯守之。」鄭玄註云：「命圭者，王所命之圭也，朝覲執焉，居則守之。」（註一九）。

由上面的解釋，我們可以知道，不論大圭或信圭及躬圭，主要的用途都在於朝儀之中。即使大圭也用於「朝日」，但是，不論那一種用途卻都與「驅厲逐鬼」無關，而「驅厲逐鬼」正是鍾馗信仰的最重要的目的。

大圭、信圭和躬圭如果後來有可能轉變爲人所崇奉的神靈，一定不會變成與它們原來的用途與特性毫無關聯的鍾馗，而是變成其他與它們原來屬性有關的神祇。

另外，永尾龍造又認爲因爲大圭這種東西是國之重物，所以後來鍾馗的形像才會頗具威嚴。這種說法也有所不通。

就後世所傳的鍾馗畫相來說，與其說他威嚴，倒不如說他兇猛或者是醜陋來得恰當些。鍾馗狀貌的兇猛醜陋，正是鍾馗信仰的重要特點之一。

補筆談所載的故事中說他：「戴帽，衣藍裳、袒一臂，鞹雙足。」天中記則說他：「頂破帽，衣藍袍，繫角帶，靸朝靴。」雖然沒有描摹出他兇猛的樣子，但衣冠不整的形狀却絕不能說是威嚴。

而世傳所謂吳道子的鍾馗像，雖然早已不可見，但據宋朝郭若虛圖畫見聞志所記的「鍾馗樣」一條來看，畫中的鍾馗實在既醜惡又兇猛。「鍾馗樣」一條云：「昔吳道子畫鍾馗，衣藍衫，鞹一足，眇一目，腰笏巾首而蓬髮，以左手捉鬼，以右手抉其鬼目，筆蹟遒勁，實繪事之絕格也。」（註二〇）元朝薩都剌的詩「終南進士行，和李五峰題馬麟畫鍾馗圖」，更將鍾馗吃鬼的兇猛之相描寫得淋漓盡致，詩云：

老日無光霹靂死，玉殿咻咻叫陰鬼；
赤脚行天踏龍尾，偷得紅蓮出秋水。
終南進士髮指冠，綠袍束帶烏靴寬；
赤口淋漓吞鬼肝，銅聲剝剝秋風酸。
大鬼跳梁小鬼哭，豬龍饑嚼黃金屋；
至今怒氣猶未消，髯戟參差怒雙目。（註二一）

這種兇猛之相，和所謂的威嚴，是絕然不同的兩副面目，而這正是歷來人們心目中的鍾馗形像。大圭如果可能被轉化爲神人，其形狀與鍾馗是絕對不會相類的。

至於信圭與躬圭，若照三禮圖上所繪的圖樣來看，它們上面的人形更都是屬於溫文儒雅一類，與鍾馗造形的剛猛，正相背離。由此更說明了鍾馗由大圭轉化而來的說法，是不可能成立的。

由上面的分析，我們所得到的結論是：不論說鍾馗信仰是出於「終葵」「鍾葵」的訛化，或說是由大圭（因其上端爲終葵形）、信圭、躬圭等（因其上面有人像）演變而來，都是靠不住的。但是，由這些理論當中，我們至少了解到，「鍾馗」這一個名稱在南北朝時就被廣泛的使用爲人名字號，而且它的原意與「辟邪」有關。驅邪逐鬼的古老儀式，後來之會轉化出鍾馗信仰，可能就是因爲「鍾馗」與「辟邪」的相關。

第二節　鍾馗即終夔之說及其他

前人有關鍾馗信仰起源的說法，除了上述的「終葵」說以外，尚有其他一些看法，同樣的值得我們的探討。

胡應麟少室山房筆叢裡討論「鍾馗」的一條，在引用前述的楊子卮言之說以後，即引述了陳心叔（士元）針對楊氏之說所提出的意見，陳氏云：「考工記云：大圭首終葵。註云：終葵，椎也。正韻云：葵亦作揆。楊子卮言：即以鍾馗之訛本於此，似無確據。若以字音相同，則左傳殷人七族有終葵氏，爾雅釋草篇有蔠葵、中馗二草名，豈可曲引爲證？或云：鍾馗當作終夔，謂六書本義，終有窮極畢死之義。古文夔一作馗，集韻馗、夔、逵、曬通用。夔，山鬼，孔叢子所謂土石之怪，夔罔兩是也。窮治邪鬼，故稱終夔耳。此亦意撰也。若然，則作鍾馗亦可，鍾有收聚之意，何必改鍾爲終？俗繪鍾馗執鬼以衛宅，韻府云：鍾馗，鬼名，非也。」（註二二）。

陳氏的意見雖然是針對楊氏巵言而發，但他自己並沒有提出自己積極的見解。倒是他從語音的相關上，爲我們提供了其他人的看法。他所說的「或云」，雖然我們不知道究竟是誰的意見，但是這個人所說的「鍾馗當作終葵」，卻是前人所未有的說法。

「鍾馗當作終葵」的根據，來自於「葵」有「罔兩邪鬼」之意，而「終」有「窮治」之意。而「鍾馗」就是專治邪鬼的，所以說「鍾馗當作終葵」。

這種見解，雖然頗能恰合鍾馗神話的特性，但是，在我國的傳統語彙裡，並沒有「終葵」這一個特殊複合詞的使用，因此，以「終葵」說「鍾馗」，頂多只能算是對「鍾馗」二字字義的解說，而不是對鍾馗起源的探索。

另外，陳心叔提到的韻府說：「鍾馗，鬼也」，則只是字書對「鍾馗」一名性質的解說，在此不必深論。

胡應麟在引述楊子后言及陳心叔的見解之後，自己另有頗長的考證按語，主要見解大抵如下：「鍾馗之名，當起於六朝，蓋習俗相傳，鬼神名號，因有不可致詰者，必求其人出處以實之，非穿鑿則附會耳。」「鍾馗之說，蓋自六朝之前，固已有之，流傳執鬼，非一日矣。堯喧之本名鍾葵，宗氏之妹名鍾馗，皆卽以鬼神爲名，故暄名鍾葵而字辟邪者，卽取鍾馗能驅邪辟耗之意。後人旣不得鍾馗出處，見暄名鍾葵，又有辟邪之字，反以世傳鍾馗爲出於此，豈不甚乖處哉！」「續讀龍舒淨土文，有唐人張鍾馗，蓋亦借鬼神爲名，若堯暄及宗慤妹，彼此互證，益信余所見不誣。」（註二三）。

他的看法就是說，鍾馗是六朝以前已經有的一個鬼神的名號，而鬼神名號的起源，本來就難以探索得知，因此我們也就不必勉强的爲「鍾馗」的由來去費心機。

這是一種迴避問題的說法，而且也將鍾馗神話與信仰的整個問題，孤立成了「鍾馗」名號的問題。所以他雖然提出了「鍾馗」是六朝以前就有的鬼神名號，對於我們了解鍾馗神話的工作，實在一點用處都沒有。

除了與鍾馗神話直接相關資料的以外，「鍾馗」被當作「鬼神」而不是人名的，據筆者所見，尚有道書太上洞淵神咒經的記載。神咒經卷七云：「道言：大門鬼吏大眞公，小門鬼吏小眞公，房守門吏衣文，後守門吏萬倫，竈門守吏炎景，道上守吏尸供，內外大鬼，宅中殃祥，男女客亡，水火金木之所殺害者，各各自約。今何鬼來病生人，人今危厄，太上遣力士赤卒，殺鬼之衆萬億，執刀縛鬼，鍾馗打殺得，便付之辟邪所。」（註二四）這裡的鍾馗正是打殺疫鬼的神使，而且與「辟邪」相關聯，與鍾馗神話一定有某種關係。但是神咒經號稱杜光庭所撰，杜光庭乃唐末五代時人，即使該書眞是他所作，最早也只是唐末的作品，而當時懸掛鍾馗圖像以辟邪的信仰早已風行。因此，最爲可能的情形是：神咒經中關於鍾馗的這一段記載，是採自當時民間信仰中的鍾馗形象，而不是來自鍾馗神話產生以前的更早傳說。

此外，近人毛一波「補記二郎神三官和鍾馗」一文引用蘇雪林女士的說法，則謂：「鍾馗亦爲魁星，及夔之演變……元代畫家顏輝所作鍾馗出獵圖，其狀頭生雙角，猙獰如惡鬼赤身，一脚後翹，持一鋼叉，此當是原始鍾馗像，執叉正爲海神或死神特徵，一脚翹，正似魁星，今陝西過年時，門上每懸鍾馗像，手持一筆（伏羲像手中亦持一筆）則正爲筆神之證。因此，筆者主張魁星實係奎宿，所謂夔也，終葵也，鍾葵也，鍾馗也，不過皆由聲音相近而衍變其字形而已。」（註二五）其實魁星非奎宿，魁、奎兩字音本來也不同，顧炎武日知錄已有考證（註二六），而筆神之另有來源，該餘叢考「文昌神」一條亦已論之（註二七），更以其所主功能來說，鍾馗與魁星，奎宿實不相干，不必深論。

近人大方先生的「鍾馗故事的衍變」一文，關於鍾馗起源的說法，完全採用楊愼丹鉛總錄及顧炎武的意見，玆不再引述（註二八）。

註釋

一　沈括，前引書，頁三二一。

二　楊愼，丹鉛總錄，商務印書館四庫全書珍本四集，卷十三，葉二十三。

三　胡應麟，少室山房筆叢，世界書局，民國五十二年四月初版，頁二九二。

四　郎瑛關於鍾馗的考證，見七修類稿，世界書局民國五十二年四月初版，頁三四三。

李時珍的鍾馗由來之說，見本草綱目。鼎文書局民國六十二年九月初版，頁一二四九—一二五〇。

五　顧炎武，日知錄，明倫出版社，民國五十九年十月三版，頁九四五。

六　趙翼，陔餘叢考，華世出版社，民國六十四年十月初版，頁四〇六—四〇七。

七　Notes and Queries on Anthropology, by A Committee of the Royal Anthropological Institute of Great Britain and Ireland, 6th ed. PP. 183—184. 台灣狀元出版社民國五十四年三月複印本。

八　本來先民認爲某物之有靈力，這靈力本身以生氣主義（Animism）的觀點來說，即是人格化的。而科特凌頓（R. H. Coddrington）等所主張的生氣遍在主義（Animatism），認爲宗教的起源乃來自原始人對一種遍在的「馬邦」（Mana）的信仰。以他們這一派的觀點來說，「馬那」是一種非人格化的超自然的力（Impersonal Supernatural Power）。但是這個觀點現在已經引起普遍的懷疑，現在有一些人類學家認爲如果「馬那」這個理論可以成立的話，「馬那」本身也應當是人格化的。如果靈力本身是人格化的，因而這種具有靈力的器物或靈物，再經過訛變而成人形的神靈是很有可能的。我國古代小說如封神演義及其他其雜記神怪的書中，往往有器物成精，化爲人形的記載，就是一個證明。本段注解關於靈力及「馬那」之爲人格化的說法，參考 Mircea Eliade, Ibid, PP. 128—131.

九　范曄，後漢書，馬融列傳。鼎文書局民國六十六年九月初版，頁一九五四—一九五五。

一〇　前引書，頁一九六四。

一一　周禮，鄭玄註，賈公彥疏，藝文印書館印行十三經註疏本，頁三一三。

一二　J. J. M. De Groot. The Religious System of China, reprinted by Cheng-Wen Publishing Co., Taipei, 1976, PP. 1172 — 1174.

一三　關於季節交換及晝夜更迭的神話參考以下二書：
林惠祥，神話論，商務印書館民國五十七年七月臺一版，頁三九。
J. G. Frazer, The Golden Bough, abridged ed. Published by Macmillan Publishing Co., New York, 1975, P. 377.

一四　永尾龍造，支那民俗誌，台北東方文化書局民國六十年影印本，頁三一四—三一七。

一五　各種圭的保存與使用，一向另有覆蓋裝飾之物。考工記：「天子執冒四寸以朝諸侯。」賈公彥疏云：「書傳云：古者圭必有冒，亦是冒圭之法也。」考工記：「天子圭中必。」鄭玄註云：「必讀如鹿車繹之繹，謂以組約其中央爲執之，以備失隊。」賈公彥疏云：「按聘禮記五等諸侯及聘所使執圭璋皆有繅藉及絇組。絇組所以約中央恐失墜，即此中必之類。尊卑皆有，此不言諸侯圭，舉上以明下可知」（引文皆見前引藝文印書館版周禮）。永尾龍造認爲圭有裝飾，則更像著衣之人形，其根據的理由當在此。

一六　林希逸，考工記解，收於索引本清徐乾學所輯通志堂經解第二九冊中。漢京文化事業有限公司民國六十八年十二月印行。所引圖版出於該書卷下，葉十一。
聶崇義，三禮圖集註，收於商務印書館四部叢刊三編經部中，所引圖版出於該書卷十。

一七　周禮，藝文版，頁六三二。

一八　禮記，鄭玄註，孔穎達疏，藝文印書館印行十三經註疏本，頁五四八。

一九　周禮，藝文版，頁六三一。

二〇　郭若虛，圖畫見聞錄，論畫人物。收於兪劍華編中國畫論類編，第四編，人物類。華正書局民國六十四年三月台一版，頁四五三。

二一　薩都剌該詩收於古今圖書集成神異典第四十七卷神像部，商務印書館四部叢刊初編中之薩天錫詩前後集未收此詩。

二二　胡應麟，前引書，頁二九二—二九三。

二三　前引書，頁二九三—二九五。

二四　杜光庭，太上洞淵神咒經，藝文印書館印行道藏，總頁七五三四。

二五　毛一波，補記二郎神三官和鍾馗，台灣風物，十八卷二期，頁五十二—五十三。

二六　顧炎武，前引書，頁九四五—九四六。

二七　趙翼，前引書，頁四〇四—四〇五。

二八　大方，前引文，頁二十一。

第三章　鍾馗神話附會在玄宗身上的原因

由本篇第一章中所引切韻馗字部「鍾馗，神名」的記載，我們知道，「鍾馗」被直接當作「神」來看待，是在唐玄宗當皇帝以前就已存在的事實。因爲切韻成書於唐中宗神龍二年（公元七〇六），比玄宗登基（開元元年，公元七一三）早了七年（註一）。而由第二章所引諸家的考證，我們更可以知道，「鍾馗」這一名稱因被認爲和「辟邪」有關，而被人選用爲名字的事，更可上推至南北朝時代。鍾馗神話中說鍾馗信仰起自唐玄宗的病中一夢，正如前引諸家所說，純然是一種附會。

然而，鍾馗神話何以會附會在玄宗身上？是由於巧合或是另有其他的原因？

我們認爲鍾馗神話之所以會附會在玄宗身上，不是偶然的巧合，而是因爲玄宗本身在歷史上的地位與作爲，有許多適合這個神話投射與產生的條件。也就因爲如此，這個問題才值得我們特立專章來加以討論（註二）。

因爲本章所論的問題，不像其他各章所包涵的那麼複雜，所以不再另外分節。

正如前面我們引用過的英國功能學派人類學家馬凌諾斯基所說的，神話是「某事件的歷史陳述，爲某種巫術的眞實性作一次保證。」而神話的功能則「不是解釋信仰的效力，而是給予保證；不是滿足好奇心，而是提供對力量的自信；不是說故事，而是銜接當時發生的事件。」（註三）所以一些神話在它們發展成形的過程當中，就常會將它們的故事，或甚且將整個神話的產生，攀附在某些有名的歷史人物身上。因爲藉著這些歷史人物的威望，可以使這個神話背後的「巫術」或「信仰」等等的眞實性，獲得更有力的「保證」，因而加强人們對這些「巫術」或「信仰」等等的信心。古代西王母的神話，後來之會與漢武帝的故事傳說牽合在一起，其道理在此；鍾馗神話之會附會在唐玄宗的身上，道理也在此。

漢魏南北朝期間的方士們之所以喜歡將一些神話附會在漢武帝的身上，除了因爲「西漢的太平盛世一直是後來帝王們所企羨的，而武帝正是這時期集中文治武功的英雄式的領袖」之外，更因爲武帝是方士們所能找到的「相信神仙的最好的例子。」（註四）。

而鍾馗神話的產生之所以會附會在唐玄宗的身上，原因也大致相同。

首先，因爲自唐宋以來，鍾馗就是上自皇宮，下至百姓共同信奉的驅邪逐鬼的神靈。而自玄宗以來，見諸於文獻記載的，皇帝更常有頒賜大臣們鍾馗神像的事實，因此，這一個神話之會被認爲和皇帝有所關聯，是很正常的事。

另外，雖然說鍾馗之被當作神來看待，在玄宗登基以前就已見諸於文獻的記載，而鍾馗被認爲和辟邪有關的事實，也早在南北朝時代就已存在，但是眞正將鍾馗當作驅邪神靈來信奉的習俗，確實起於何時卻已不可知。我們所能確定的只是：至少在玄宗時代，這個信仰習俗已經流行。

正因爲在玄宗以前有關鍾馗信仰的情形，沒有任何可據的確實資料，而玄宗皇帝曾頒賜大臣鍾馗神像這件事，卻有當時大臣自己的記載可作憑據，因此，後世的人會將鍾馗信仰的起源附會在玄宗身上，是一件很合理的事。

而鍾馗信仰是年終行事，與年節歡樂的氣息分不開，可以說是屬於一種昇平時節的信仰習俗。在唐朝的皇帝之中，論聲望，當以太宗與玄宗爲最著。而太宗是開國之君，是英雄式的人物；玄宗則是承平時代的皇帝，開元之治乃是久爲史家樂道的太平時節。詩人杜甫在他的「憶昔」詩中所寫的：「憶昔開元全盛日，小邑猶藏萬家室。稻米流脂粟米白，公私倉廩俱豐實。九州道路無豺虎，遠行不勞吉日出。齊紈魯縞車班班，男耕女桑不相失。」正是當時昇平氣象的最好寫照（註五）。兩者相較之下，當然以玄宗更有可能成爲鍾馗神話附會的對象。此外，由於玄宗妙解音律，兼有與楊貴妃一段流傳千古的風流韻事，早就成爲許多軼事傳聞滙集的中心，因而後世的人將鍾馗神話附會在他身上，也就不以爲怪了。

鍾馗信仰和其他神祇的崇奉有一個明顯的不同，就是他沒有廟宇，因爲他不是一個人們心目中的大神。人們祀奉他，只在年節的時候在家裡的門上或屋內張貼或懸掛他的神像。因此，自從有鍾馗信仰的記載以來，鍾馗的畫像就一直扮演著相當重要的角色。也可以說，鍾馗信仰和鍾馗畫像有著不可分割的關係。而有著「畫聖」之稱，以善畫神佛靈怪著稱的吳道子，正是唐玄宗時候的人物，而且與玄宗的關係頗爲密切（註六）。吳道子既善畫神鬼人物，相傳更畫有鍾馗圖。而鍾馗雖然常爲後來人物畫家爲作畫的題材，但是時代卻都在吳道子之後（註七）。因此，鍾馗神話的流傳，將鍾馗畫像的來源歸之於吳道子，而將其作畫的契機歸之於當朝皇帝玄宗的病中一夢，也就順理成章了。

雖然有以上的種種原因，造成了鍾馗神話附會在玄宗身上的有利條件，但是，這個故事之所以會牽合於玄宗，最重要的一個因素，恐怕還是由於玄宗本人極度崇奉道敎，喜好神仙之事的關係而來。

唐朝的皇帝雖然多半崇信道敎，但是，玄宗以其在位之久，又曾享有長期一段時間的承平盛世，對道敎的崇信之隆與扶持之功，可能更遠在其他帝王之上。

舊唐書禮儀志：「玄宗御極多年，尙長生輕擧之術，於大同殿立眞仙之像，每中夜夙興，焚香頂禮。天下名山，令道士、中官合鍊醮祭，相繼於路。投龍奠玉、造精舍、採藥餌，眞訣仙蹤，滋於歲月。」（註八）。

在他在位的四十幾年之間，不只廣修道經，如於先天年中，敕京中道觀及昭文館，崇文館學士修一切道經音義；開元中，發使搜訪道經，纂修成藏，目曰三洞瓊綱，共三千七百四十卷，天寶七年，詔傳寫以廣流傳（註九）。更大興道曲，新唐書禮樂志云：「帝（玄宗）方浸喜神仙之事，詔道士司馬承禎製玄眞道曲，茅山道士李會元製大羅天曲，工部侍郎賀知章製紫淸上聖道曲。太淸宮成，太常卿韋縚製景雲、九眞、紫極、小長壽、承天、順天樂六曲，又製商調君臣相遇樂曲。」（註一〇）此外，並且還親自敎導道士道曲聲韻，「（天寶十年）四月，帝於內道場親教諸道士步虛聲韻。」（註一一）。

如此的沈迷於道教的參預推廣，對道教的維護與崇奉可說是不遺餘力，因此，種種神仙奇異之說，便由此因運而起。舊唐書禮儀志：「開元二十九年正月己丑，詔兩京及諸州各置玄元皇帝廟（卽老子廟）一所，並置崇玄學。其生徒令習道德經及莊子、列子、文子等，每年準明經例舉送。至閏四月，玄宗夢京師城南山趾有天尊之相，求得之於盩厔樓觀之側。至天寶元年正月癸丑，陳王府參軍田同秀稱於京永昌街空中見玄元皇帝，以『天下太平，聖壽無疆』之言傳於玄宗，仍云桃林縣故關令尹喜宅旁有靈寶符。發使求之，十七日，獻於含元殿。於是置玄元廟於太寧坊，東都於積善坊舊邸。」（註一二）。

正史中這種提綱式的記載，已足以使我們想像得到，玄宗皇帝對道教與神仙之說的沈迷之深，無疑的，早該是許多神話產生與附會的最好溫床。若再看看其他資料對這些事情繪聲繪影的描述，就更會了解到鍾馗神話之所以附會在玄宗身上，原來是其來有自，毫不勉强的。

杜光庭的歷代崇道記，對於玄宗崇拜道教，大修道觀等等事情，有著頗爲詳細的描述：「明皇開元中，敕諸道並令置開元觀。又製混元讚，帝親書，勒之于石。又敕五嶽置眞君廟。又敕上都置太清宮，東都置太微宮，以太原神堯舊宅爲紫微宮，潞州潛龍故宅爲啓聖宮，並給袞冕絳紗帳交龍門戟，一如宮闕之制。帝又註道德經及製序引，詔天下士庶並令家藏一本。兩街道衆乃以幢旛伎樂自禁中迎引歸于太清宮，香花之盛，近古未有。又敕置道舉一如禮部之制，帝親自策之，達者甚衆。」「帝又製霓裳羽衣曲，紫微八卦舞，以薦獻於太清宮，貴有異於九廟也。帝東封獲三脊茅，乃令於所獲之地，置靈茅觀，乃禮畢，迴謁聖祖於亳州本宮，親札道德經於石，作大幢，造八角樓覆之於虛無殿之前。又幸懷州開元觀及閿鄉奉仙觀，爲王公萬民所請，亦親札二經，以大石對峙立之，一如太清之製。」（註一三）。册府元龜卷五十四帝王部尙黃老條，對此更有詳細的記錄，以其資料繁多，不再詳述。

而史書所載「帝夢天尊之相」，「田同秀空中見玄元皇帝」等神仙顯靈的奇異之說，基於上有好之者，下必有樂之者的心理，在這些書裡的記載，就更加的繪聲繪影，事項繁多了。

歷代崇道記云：「開元十七年夏四月五日，益州大都督府長史張敬忠奏，大聖祖混元皇帝應現於當管蜀州新津縣，津興尼寺佛殿柱上自然隱起木文，爲太上老君聖像，當頂上有華蓋，足下前後各有雲葉天花共一十三處，謹差判官益州功曹參軍王大鑛檢覆得狀。」「二十九年正月七日，陳王府參軍田同秀於丹鳳門外忽見紫雲自西北暎樓，又見混元乘白馬，侍從二童子。二童子謂同秀曰：我昔與尹喜將入流沙之日，藏一匱靈符在桃林故關尹喜舊宅，汝可請帝取之。同秀具事聞奏。敕差內使李志忠監同秀往陝州桃林縣南十三里故函谷關墟求訪之。俄有紫雲白兎現於枯桑之下，便乃穿掘，下至水際，得石函金匱玉板，朱書細篆。帝聞奏大悅，卽令京師列十部樂，歌舞鼓吹，自通化門入，其文於寶輿中五色放光，洞照天地。帝於丹鳳樓上身披龍袞，手執金鑪，六宮嬪婇盡於樓上焚香散花，遙自作禮。帝又令亂撒金錢於樓下，縱令士庶分取，以爲歡樂。斯須山呼之聲震動京邑。帝令置符於靈昌殿，是夜，樓閣林樹之上皆有神燈，乃於正月一日改開元三十年爲天寶元年，改桃林縣爲靈寶縣。」「其年閏四月，帝夢混元謂帝曰：我在城之西南久矣，當與汝於興慶相見，可速迎我。帝謂宰相李林甫、牛仙客曰：朕臨御海內向三十年，未嘗不五更而起，具朝服，禮謁眞容，爲蒼生祈福。近因假寐，見混元具言上事，遂差內使與道門威儀蕭玄裕於城西南尋訪數日，忽於樓觀山谷間見有紫雲現，白光屬天，於其下穿之，果得玉像老君高三尺餘以進。其日，帝在興慶宮大同殿親自迎謁，果符興慶之言，置於內殿供養。仍令所司寫眞容分送天下諸道觀。」「五載，帝夢見混元言，我有靈應，尋當自至，遂於太白山獲靈符玉册。」「其年十二月，帝幸華淸宮，其月四日，日未出時，忽見驪山頂雲物積異，須臾雲散，見混元聖祖現於朝元閣上，帝與內人瞻謁良久乃隱。」（註一四）。其他有關顯靈、異象的種種記載，見之於該書與册府元龜卷五十四者仍然很多，以其過於繁複，不必一一詳擧。册府元龜所載者，內容雖較崇道記更爲詳細，但大體上則大同小異，不過字句人名間有差別而已，如史書及崇道記的「田同秀」，册府元龜作「田文秀」等。

歷代崇道記等的記載，雖然有時或許未免有所增飾誇大，但是玄宗「浸喜神仙之事」，遍立道觀，廣修道經，因而到處異象滋生，他自己並且曾「夢見天尊示現」，則是正史所記載的事實。玄宗屢屢夢見混元現身，並且曾「令有司寫眞容分送天下諸道觀」的傳聞，既然早已有之，後世因而將鍾馗信仰由來的神話附會在他身上，也就不足爲異了。

鍾馗神話中說，鍾馗信仰的由來是因爲玄宗久病不愈，夢中「見鍾馗顯靈」，爲他驅逐了作虐的虛耗小鬼，他醒後卽令吳道子圖寫鍾馗畫像，從此並常以鍾馗圖像頒賜有司。這個故事與他夢見混元現身，然後令有司圖寫眞容分送天下諸道觀的傳說，不正相彷彿麼！

註釋

一　大方：前引文，頁十七。

二　朱國禎的湧幢小品卷十九「鍾葵」條謂鍾馗神話之所以附會在玄宗身上，是因爲「俗畫鍾馗戴軟角巾，便有開元進士之說。」並不能眞正說明出眞相，因爲「畫軟角巾」的進士身份，不只可以附會在開元之時，照樣可以附會在任何時代的皇帝身上，因此，本章不予深論。

三　馬凌諾斯基著，朱岑樓譯，前引書，頁六一—六二。

四　王瑤，中古文學思想（此書與中古文人生活，中古文學風貌合爲一冊，總名爲中古文學史論），長安出版社，民國六十四年十月出版，頁一七二。

五　杜甫「憶昔」詩二首，此段引自第二首。見全唐詩，文史哲出版社，民國六十七年十二月出版，頁二三二五。

六　宣和畫譜謂吳道子少孤貧，客游洛陽，明皇聞其名，召入供奉，從此名振天下。宣和畫譜，商務印書館民國十年五月台一版，頁六六。
並參考兪劍華，中國繪畫史，吳道玄傳所載，知吳道子甚受玄宗器重。華正書局民國六十四年九月台一版，頁一〇四。

七　據宣和畫譜所載，歷來見於著錄，作有鍾馗圖像的，年代皆在吳道子之後。並參考崇逸，畫裡鍾馗，藝海雜誌第一卷第三期。

八　劉昫等撰，舊唐書，鼎文書局，民國六十五年十月初版，頁九三四。

九　陳國符，道藏源流考，祥生出版社民國六十四年二月台一版，頁一一四。陳氏書中所述資料，乃自新唐書藝文志整理而來者。

一〇　歐陽修、宋祁等撰，新唐書，鼎文書局，民國六十五年十月初版，頁四七六。

一一　王欽若、楊億等撰，冊府元龜，中華書局，民國五十六年五月台一版，頁六〇六。

一二　劉昫等撰，前引書，頁九二六。

一三　杜光庭，歷代崇道記，藝文印書館道藏本，總頁一四二〇四。

一四　前引書，總頁一四二〇四—一四二〇五。

第四章　鍾馗神話與大儺

第一節　早期文獻中的大儺

由上述一些鍾馗信仰與神話的資料，大體上可以歸納出鍾馗信仰的幾個特點：一、是皇帝以至庶民的共同信仰，二、是年終歲除之際的行事，三、是驅厲逐鬼，以求身家安寧的信仰，四、鍾馗容貌的兇猛醜陋。

在第三章中，我們引述了一些有關鍾馗神話起源的說法，並分別作了簡要的評論。由於那些見解，除了「終葵」說，能對「鍾馗」這一名稱的意義及由來有較爲清楚的交待以外，對於鍾馗信仰的這些特質，都未能提出合理的解釋，所以對那些主張，我們都無法同意。

在對上述各種說法加以評述之前，我們已曾指出鍾馗信仰及神話是由大儺轉化而來。因爲惟有從大儺來看鍾馗信仰，才能尋出種種相關特質的本來面目。

鍾馗信仰從大儺來的說法，並不是筆者的創見，早在吳自牧的夢粱錄就已指出：「自入此月（十二月），街市有貧丐者三五人爲一隊，裝神鬼、判官、鍾馗、小妹等形，敲鑼擊鼓，沿門乞錢，俗呼爲『打夜胡』，亦驅儺之意也。」（註一）。而顧祿的清嘉錄於十二月跳鍾馗條下自註也說：「家雪亭土風錄云：裝鍾馗判官，即方相氏蒙熊皮，黃金四目，執戈揚盾，以索室毆疫之遺意。」（註二）。近人楊景鸘等更曾就此觀點提出討論，下文將一一論及，玆不贅述。

跳鍾馗與懸掛或張貼鍾馗圖像，本來就是同一個信仰的兩面，都是年終歲除的行事，清朝中葉以後，雖然將張貼鍾馗圖像改在端午，但是，臘月除夕却一直保存著跳鍾馗的習俗。若說跳鍾馗是大儺遺意，當然也就等於說整個鍾馗神話來自大儺。

要了解鍾馗神話與大儺的關係，首先得清楚大儺的內容與實際。本節且先從較早的文獻說起。

經書中有關「儺」的記載，最早見之於論語鄉黨篇：「鄉人儺，朝服而立於阼階。」儺就是逐鬼驅疫的儀式。何晏集解云：「孔曰：儺，驅逐疫鬼。」邢昺疏云：「難，索室驅逐疫鬼也。」（註三）。

與此相類似的記載，又見於禮記郊特牲：「鄉人禓，孔子朝服立于阼，存室神也。」鄭玄註云：「禓，强鬼也，謂時儺索室毆疫逐强鬼也。」（註四）。

由這二條簡短的經文及註疏，我們雖然尚且不知道有關「儺」的詳細情形，但是，至少我們可以確定，這種驅鬼逐疫的儀式，在孔子的時代就已經存在，而且孔子本人對這種儀式的擧行也相當的重視。

由於這種稱爲儺的驅疫儀式，在古代相當的普遍，也相當的受重視，所以此後隨著典籍文獻的增多，有關儺的記載，也逐漸加詳。從周禮及禮記月令篇、呂氏春秋、淮南子等的記載，我們就能更進一步了解這種儀式的內容。

周禮夏官：「方相氏，掌蒙熊皮，黃金四目，玄衣朱裳，執戈揚盾，帥百隸而時難，以索室毆疫。大喪先匶，及墓入壙，以戈擊四隅，毆方良。」（註五）。這一段文字不僅告訴了我們儺這種儀式的宗旨，並提示了一些有關儀式舉行的實際細節。

由這一段記載，我們知道舉行「儺」這種儀式是爲了「索室毆疫」。因爲這種儀式通常定期舉行，所以又叫做「時儺」，鄭玄註云：「難四時作」，就是說「難」按四季舉行之意。這種儀式有專門負責的人，叫做「方相」。方相在主持這種儀式時，有特殊的裝扮：「蒙熊皮，黃金四目，玄衣朱裳」，並手執武器—執戈揚盾—當作驅邪的法物，而且還率領一些隨從。

此外，方相還有另一個職責，就是在喪葬時爲人「毆方良」，也是一種替人逐除種種不祥的工作（說詳下）。

至於月令及呂氏春秋、淮南子等，則爲我們提供了儺這種儀式按季節舉行的情形。月令篇：「季春之月……命國難，九門磔攘，以畢春氣。」「仲秋之月……天子乃難以達秋氣。」「季冬之月……命有司大難，旁磔，出土牛以送寒氣。」（註六）。呂氏春秋季春紀：「國人儺，九門磔攘，以畢春氣。」仲秋紀：「天子乃儺，禦佐疾，以通秋氣。」季冬紀：「命有司，大儺，旁磔，出土牛，以送寒氣。」（註七）。淮南子時則訓所載與前引二者文句大致相同，不再重複（註八）。

由這些資料，我們除了知道古代這種驅疫儀式是按季節舉行之外，並且知道舉行這種儀式還需要殺牲祭獻。磔就是殺牲。鄭玄註月令季春命國難條云：「磔牲以攘於四方之神，所以畢止其災也。」（註九）。另外，季冬的大儺還特別附帶有「出土牛」的儀式。鄭玄月令註：「出猶作也，作土牛者，丑爲牛，牛可牽止也。」孔穎達疏云：「出土牛以送寒氣者，出猶作也。此時强陰旣盛，年歲已終，陰若不去，凶邪恐來歲更爲人害。其時月建丑，又土能剋水，持水之陰氣，故特作土牛以畢送寒氣也。」（註一〇）。這是以陰陽五行之說來解釋「出土牛」的涵意，很容易使人迷惑。其實，出土牛以送寒氣，是和來春勸農有關，不一定是因爲「土能剋水」之故。呂氏春秋季冬紀該條高誘註云：「出土牛，令之鄉縣，得立春秋，出勸耕土牛於東門外是也。」（註一一）。這種年終歲除之際，驅疫儀式與農事相配合的行事，並不只在我國古代爲然，世界其他各地也有過類似的習俗，或與準備來年新耕有關，或與慶收成相聯（註一二）。

一年有四季，然而，按照月令等的記載，明顯的卻只有春、秋、冬三季有儺儀，這是一個問題。按照孔穎達疏月令「天子乃難以達秋氣」條所說，夏季無儺是因爲：「六月宿直柳鬼，陰氣至微，陰始動，未能與陽相競，故無疾害可難也。」（註一三）。賈公彥疏周禮方相氏條則說：「惟有此三時儺，鄭云四時者，雖三時亦得云四時，總言之也。」（註一四）。等於沒有說明。

蔡邕的月令問答也特別的注意到這個問題，他的結論是：「四時通等，而夏無難文，由日行也。春行少陰，秋行少陽，冬行太陰，陰陽背使，不與其類，故冬春難以助陽，秋難以達陰。至夏節太陽行太陰，自得其類，無所扶助，獨不難，取之於是也。」（註一五）。

蔡邕等人雖然對這個問題提出了解釋，但是，並不能令人滿意。近人楊景鸘先生對於這種解釋有所批評，楊氏說：「這是用陰陽五行來解釋夏儺之缺，雖然玄妙，却不能使人心服。夏季氣候炎熱，疾病最多，比其他三時更需要儺。夏季最大的節日端午，就是個五毒聚集，瘴癘叢生的日子。」爲了解釋這個疑難，他引用了姜亮夫先生「儺考」一文的意思，姜氏說：「這與古代民族對時間與宗教的觀念有關。古人對於夏是一個最安閒的時間，想像夏的社會似乎是種安眠的狀態，而一切宗教儀式的舉行，也以春秋爲重，夏天最不重。農事則以春秋二季最活動，夏天是人事最不活動的時期。冬天是農村休息，城市活動的時期。從這方面看來，夏天不論從『神事』，從『人事』兩方面，總是休止的多點，所以夏天之不儺，當因於此。若以疾病的多少由於陰陽之氣來解釋（指漢唐學者的解釋）夏天，則夏天多病人不在春秋之下。」（註一六）。

姜亮夫先生的說法似乎較爲可通，但實情究竟如何，則尚難詳考。總之，由月令篇等的記載，我們知道古代每年公開舉行的定期驅疫至少有三次。而其中尤以季冬之月所舉行的爲最重要，所以春秋兩季的只稱爲「儺」，而季冬的則特別稱作「大儺」。孔穎達疏月令季冬大儺條云：「言大者，以季春唯國家之難，仲秋唯天子之難，此則下及庶人，故云大難。」（註一七）。

因爲大儺是全國上下一致舉行的年終行事，比起春秋兩季的難都更爲重要，所以自漢代以後典籍文獻的記載，就多以大儺爲主。但是春秋兩季的難，並未很快就消失，至少到了隋代仍然照常舉行，不過規模較大儺為小而已。隋書禮儀志云：「隋制，季春晦，儺，磔牲於宮門及城四門，以禳陰氣。秋分前一日，禳陽氣。季冬傍磔，大儺亦如之。其牲，每門各用羝羊及雄雞一。選侲子，如後齊。冬八隊，二時儺則四隊。」（註一八）。姜亮夫先生認為「自漢代以後，春儺秋儺之名皆已廢，而實皆方面已併入春秋二祭的時祭去了。」（註一九）。看了隋書的記載，就知道他的說法是不正確的。

綜合以上周禮及月令、呂氏春秋等有關資料，我們大致上對儺這種儀式的內容與實際已能夠有所把握。

首先，我們知道儺的主要目的在於「驅疫逐鬼」，「索室」是為了這個目的，呂氏春秋季春紀國人儺一段高誘註云：「索宮中區隅幽闇之處，擊鼓大呼，驅逐不祥，如今之正歲逐除是也。」（註二○）。而所謂的「以畢春氣」、「以達秋氣」、「以送寒氣」等等，也就是在於逐除種種因陳氣、惡氣等而來的不祥。因為古人相信世間百物皆隨季節的變換而氣息更新，季節更迭之際，若陳腐之氣不除，則惡氣叢生，厲疫隨至。所以說「送氣」等的目的，也就在於「驅疫」。鄭玄註月令季春國難條云：「此難，難陰氣也。陰寒至此不止，害將及人。所以及人者，陰氣右行，此月之中，日行歷昴，昴有大陵積尸之氣，氣佚則厲鬼隨而出行。命方相氏帥百隸索室敺疫以逐之。」（註二一），仲秋、季冬之儺的註也大體相同，所說的就是此意。

另外，舉行儺儀時要殺牲祭獻四方之神，也是為了驅疫逐鬼，祈求平安。前引鄭玄註季春國難云：「磔牲以禳於四方之神，所以畢止其災也。」說的也正是此意。

而季冬的大儺則另外有一項「出土牛」的儀式，也是由於腐迎新的「送氣」觀念而來，然後引出來春勸農勤耕之意。

至於主持儺儀的方相，除了專門負責儺的舉行以外，另外也因爲他能驅逐邪祟，而負有其他相關的職務：「及墓入壙，以戈擊四隅，毆方良。」方良按照鄭玄註，即「罔兩也……國語曰：木石之怪夔罔兩。」（註二二）。據近人江紹源先生的考證，方良與罔兩乃同音通假，是一切山精木怪的通稱，江氏云：「一言以蔽之，山精、水精、壙精、木石之精、新故丘墓之精……皆得名罔兩或罔象。罔兩寫爲蝄蜽、魍魎、罔浪、罔閬、或方良；罔象寫爲無傷也都可以。」（註二三）。由此可知，方相是專門負責主持「儺」及其他種種驅逐邪魅鬼祟儀式的人。

當然，最重要的是我們由這些早期的文獻，就已知道「儺」這種儀式通常都定期舉行，而因爲季冬歲除之際所舉行的規模最大，也最重要，而且是全國上下，上及天子，下及庶民所一致舉行的儀式，所以特別叫做「大儺」。後來發展的結果，春秋兩季的儺因爲與老百姓鮮有相干，所以就逐漸式微，少爲人知。而大儺之儀則行之久遠，至今仍可見其餘緒。

下文將進一步由儺之演變及起源等方面的討論，來看儺的性質，並逐步對鍾馗信仰與大儺的關係作一番清理。

第二節　東漢以後大儺的演變

關於大儺的內容及意義，由前文所引淮南子等以前的資料中，我們已大致有所了解。但是，這種儀式後來演變情形如何？怎麼會有這種儀式？又爲什麼這種儀式稱作「儺」？等等問題都還必須再逐步的探索，然後才能對它與鍾馗神話間的關係作一清楚的交待。本節且先就後來歷史上各朝舉行大儺的情形，進一步看看大儺的實際內涵。雖然我們從上節所引的較早資料中，對大儺的性質已大致有所了解，但是，由於這種儀式後來變成了我們古代社會生活的一個重要傳統，歷代的史籍對此有著更爲詳細的記載，可使我們對這種儀式有更深更廣泛的了解，所以我們還得從這些資料中，進一步的來對大儺作一番認識。

由淮南子時則訓一篇中有關於儺的記載，或許我們可以推斷前漢之際儺的舉行與周禮及月令等所載者相差不遠。但是由於當時所留存下來的史籍或有關的資料，並沒有進一步論及儺的詳細情形，所以筆者也未敢深論，本節僅從後漢說起。又因爲春秋二季的儺，後來已漸喪失其重要性，而且其內容主題與本書所論的鍾馗較不相干，因此本節所論卽以大儺爲主。

後漢書可以說是二十五史中第一部詳細記載了大儺的史籍。後漢書禮儀志云：「先臘一日，大儺，謂之逐疫。其儀，選中黃門子弟年十歲以上，十二以下，百二十人爲侲子。皆赤幘皁製。執大鼗。

方相氏黃金四目，蒙熊皮，玄衣朱裳，執戈揚盾。十二獸有衣毛角。中黃門行之，冗從僕射將之，以逐惡鬼于禁中。夜漏上水，朝臣會，侍中、尚書、御史、謁者、虎賁、羽林郎將執事，皆赤幘陛衞。乘輿御前殿。黃門令奏曰：『侲子備，請逐疫。』於是中黃門倡，侲子和，曰：『甲作食殈，胇胃食虎，雄伯食魅，騰簡食不祥，攬諸食咎，伯奇食夢，强梁、祖明共食磔死寄生，委隨食觀，錯斷食巨，窮奇、騰根共食蠱。凡使十二神追惡凶，赫女軀，拉女幹，節解女肉，抽女肺腸。女不急去。後者爲糧。』因作方相與十二獸儛。嚾呼，周徧前後省三過，持炬火，送疫出端門；門外騶騎傳炬出宮，司馬闕門門外五營騎士傳火棄雒水中。百官官府各以木面獸能爲儺人師訖，設桃梗、鬱櫑、葦茭畢，執事陛者罷。葦戟、桃杖以賜公、卿、將軍、特侯、諸侯云。」（註二四）。

這一段的記載，比起早期的資料詳細得多。使我們第一次了解了這種儀式的隆重與熱鬧。

根據人類學家柯林斯（John J. Collins）的整理分析，宗教或巫術的儀式行爲所可能包括的要素約有十三項：一、祈禱（Prayer），如求助、謝恩。二、音樂（Music），包括跳舞，擊打樂器。三、肉體的磨練（Physiological exercise），包括齋戒、服藥，或折磨肉體，以求達到出神恍惚的境界。四、布道（Exortation）。五、誦經念咒（Reciting the code）。六、模擬的動作（Simulation），如模擬儀式行爲中的事物，以獲得人力不能直接取得的東西等。七、靈力（Mana），接觸神物以取得能力。八、禁忌（Taboo），不能觸及犯忌的東西。九、饗宴（Feasts）。十、獻牲（Sacrifice）。十一、聚衆（Congregation）。十二、啓示（Inspiration）。十三、象徵

（Symbolism），一些象徵神靈的物件。（註二五）。

以這些觀念來看後漢書所載的大儺，除了沒有明顯的有關布道、禁忌及啓示等的記載之外，幾乎每一樣儀式所特有的要素，都已具足。「中黃門倡，侲子和」所唱的十二神追十二凶，即等於包括了祈禱與誦經念咒。「執大鼗」「方相與十二獸儛，嚾呼，周遍前後省三過」，則包括了音樂、肉體的磨練，模擬的動作等。而方相黃金四目，蒙熊皮，十二獸有衣毛角，百官官府各戴木製面具，也就是模擬動作的一種，當然也是象徵。而以葦戟、桃杖等賜公卿，則明顯的屬於他所說的靈力要素。而一百二十名侲子及衆官員聚集一處，來舉行這件儀式，更是聚衆行事。總之，由這一個資料，我們可以知道，大儺是國家所重視的重大儀式。無論從宗教或巫術的觀點來看，它都是一件首尾完整，目的鮮明的隆重儀式。

雖然我們可以從這一段記載中指出它所包含的種種儀式的特質，但是這個儀式給我們最深的印象的，卻還是在於它對聲音與舞蹈的強調，以及參預者行列的龐大。我們所說的聲音，包括擊打樂器、大聲呼喊，高誦咒語等等。這種音響與咒語的融合，正是馬凌諾斯基所說的原始巫術之具有效力的最重要的一項因素（註二六）。而模擬驅邪動作的舞蹈，與音響效果交相配合，更因人多勢衆的激蕩，參預者精神與情緒便因而高昂，而進入了一種出神恍惚的境地（Ecstatic）。「情緒的戲劇化表演，乃巫術動作的精髓所在。」（註二七）。驅疫的大儺儀式，便在這種強烈的，狂熱的聲音與舞蹈所構成的情緒的戲劇化之下，狂熱進行，以至完成。

周禮夏官所云：「方相氏狂夫四人。」（註二八），狂夫指的正是隨從方相參預儺儀的侲子。左傳閔二年：「是服也，狂夫阻之。」孔穎達疏引服虔云：「方相之士蒙玄衣朱裳，主索室中毆疫，號之爲狂夫。」又引韋昭云：「狂夫，方相氏之士也。」（註二九）。而之所以會稱之爲「狂夫」，大概就是由於他們主持大儺時那種迹近熱狂的舞蹈與動作而來。

舉行這種驅疫儀式之所以熱鬧喧嚷，目的在於造成一種强勁的聲勢，以「威嚇」疫鬼或邪祟，達成驅逐的效果。這種情形不獨我國的大儺如此，世界各地所舉行的相類的儀式，也莫不皆然。而最後的「持炬火」，熱熱鬧鬧的「送疫出端門」，象徵性的將疫鬼送走，也與其他各地的驅疫儀式相似（註三〇）。

而從方相氏的裝扮，以至倡十二神追十二惡凶的咒詞，到最後的「送疫出端門」來看，很明顯的，大儺正是一種典型的模擬巫術（Imitative Magic ）。而這裡所謂的十二神到底何所指雖然已大部分難以詳考，但是從强梁、窮奇這兩個較可考證得出的神名來說，他們之所以被當作逐疫鬼惡凶的神，因爲他們本身正是惡神（註三一）。方相氏之所以裝扮成「黃金四目，蒙熊皮」的可怕形狀，也正是模擬惡神或另一種比疫鬼更凶的惡靈（關於方相的形貌，下文將更有詳論）。以惡神追惡鬼，正是巫術中以惡制惡，以毒攻毒，同類相尅（Like Cure like）的心理。

由以上這些簡單的分析，大體上我們對大儺已經有了更進一步的認識，底下且再就有關的史料來看大儺的演變。

前面我們指出，大儺的一大特色就是音響與舞蹈行列所造成的熱鬧氣氛。對於這種熱鬧場面的描寫，張衡的東京賦裡有一段有關大儺的描述，藉著韻文節奏的表達，更將那熱烘烘的氣氛表現得淋漓盡致。

東京賦云：「爾乃卒歲大儺，毆除群厲，方相秉鉞，巫覡操茢，侲子萬童，丹首玄製。桃弧棘矢，所發無臬，飛礫雨散，剛癉必斃。煌火馳而星流，逐赤疫於四裔。然後凌天地，絕飛梁，捎魑魅，斮獝狂，斬蜲蛇，腦方良。囚耕父於清冷，溺女魃於神潢。殘夔魖與罔象，殪野仲而殲游光。八靈爲之震慴，況鬾蜮與畢方。度朔作梗，守以鬱壘，神荼副焉。對操索葦，目察區陬，司執遺鬼。京室密清，罔有不韙。於是陰陽交和，庶物時育。」（註三二）。

這一段描述與後漢書微有不同的是沒有舉出追逐惡凶的神名，而只列出了所要驅逐的疫鬼邪祟的名稱，而這些疫鬼邪祟的名稱又與後漢書所說的「惡凶」名目上有所差別。美國的漢學家柏德（Derk Bodde）對這二篇所列的神名與惡鬼之名曾有詳細的考證（註三三）。但我們認爲不論是後漢書或東京賦所舉的這些惡鬼邪祟，只是代表所有致病爲厲的種種不祥之物的各種名稱，所以在此對這些名目且不深論。我們所要重視的是，東京賦這一段描寫，眞正爲我們塑造、拱托出了大儺戲劇化、情緒化的熱鬧的一面。

正因爲大儺是如此的熱鬧，漸漸的，它原來驅疫的嚴肅意義可能就爲人所疏忽，而代之以歡樂的心情來看待這種儀式，所以東漢時鄧太后身體不適，才會要求「勿設戲作樂，減逐疫侲子半。」此事見於後漢書皇后紀，鄧皇后傳：「三年秋，太后體不安，左右憂惶，禱請祝辭，願得代命……舊事，歲終當饗遣衞士，大儺逐疫。太后以陰陽不和，軍旅數興，詔饗會勿設戲作樂，減逐疫侲子半，悉罷象橐駝之屬。豐年復故。」（註三四）。

又因這種儀式是一大群人參加，一邊擊鼓，一邊舞蹈，歡呼行進的行列，所以在北魏時居然有人將它演變成一種軍事演習。

魏書禮儀志：「高宗和平三年十二月，因歲除大儺之禮，遂耀兵示武。更爲制，令步兵陳於南，騎士陳於北，各擊鍾鼓，以爲節度。其步兵所衣，靑赤黃黑別爲部隊。盾矟矛戟相次周回轉易，以相赴就。有飛龍騰蛇之變，爲函箱魚鱗四門之陳，凡十餘法。跽起前却，莫不應節。陳畢，南北二軍皆鳴鼓角，衆盡大譟。各令騎將六人去來挑戰，步兵更進退以相拒擊，南敗北捷，以爲盛觀。自後踵以爲常。」（註三五）。

之所以會有這種現象發生，無疑地，是因爲大儺之儀原始的嚴肅意義已漸不受注意，而慢慢的只保留了外殼熱鬧的形式受人重視而已。

雖然如此，大儺畢竟是有著古老傳統的一項國家重典，所以到了隋唐之際，仍然照常的隆重舉行。

隋書禮儀志所載北齊的大儺之儀，雖然形式上大體與後漢書所載者相同，但顯然的行列更爲龐大。隋書禮儀志云：「齊制，季冬晦，選樂人子弟十歲以上，十二以下爲侲子，合二百四十人。一百二十人，赤幘，皀構衣，執戣。一百二十人，赤布袴褶，執鞞角。方相氏黃金四目，熊皮蒙首，玄戈揚楯。又作窮奇、祖明之類，凡十二獸，皆有毛角。鼓吹令率之，中黃門行之，冗從僕射將之，以逐惡鬼于禁中。其日戌夜三唱，開諸里門，儺者各集，被服器仗以待事。戌夜四唱，開諸城門，二衞皆嚴。上水一刻，皇帝常服，卽御座。王公執事官第一品已下從六品已上，陪列預觀。儺者鼓譟，入殿西門，徧於禁內。分出二上閤，作方相與十二獸舞戲，喧呼周徧，前後鼓譟。出殿南門，分爲六道，出於郭外。」（註三六）。

後漢時侲子爲一百二十人，這時用二百四十人，剛好爲一倍。是所有見諸於文獻記載的大儺中，行列最爲龐大的。而皇帝親自會同合朝大官陪列預觀，更可見當時對這件事仍相當的重視。

另外，其他有關記載提及方相的裝扮時，都只說「黃金四目，蒙熊皮」，我們不能確知「蒙熊皮」如何蒙法，而本段則特別提到「熊皮蒙首」，使我們對方相主持大儺時的形狀，有了較爲確定的認識。

新唐書是所有正史中記載大儺之禮的最後一次，它描述大儺擧行的細節比以前各書更爲詳盡，但是，由當時參加的「侲子」數量大量的減少這一點來看，已可看出這種驅疫大典已漸漸不受重視。

新唐書禮儀志：「大儺之禮，選人年十二以上，十六以下爲侲子，假面，赤布袴褶。二十四人爲一隊，六人爲列。執事十二人，赤幘，赤衣，麻鞭。工人二十二人，其一人方相氏，假面，黃金四目，蒙熊皮，黑衣，朱裳，右執楯；其一人爲唱帥，假面，皮衣，執棒；鼓、角各十，合爲一隊。隊別鼓吹令一人，太卜令一人，各監所部；巫師二人。以逐鬼于禁中。有司預備每門雄雞及酒，擬於宮城正門、皇城諸門磔禳，設祭。太祝一人，齋郎三人，右校爲瘞埳，各於皇城中門外之右。前一日之夕，儺者赴集所，具其器服以待事。其日未明，諸衛依時刻勒所部，屯門列仗，近仗入陳於階。鼓吹令帥難者各集於宮門外。內侍詣皇帝所御前奏『侲子備，請逐疫。』出命寺伯六人，分引儺者於長樂門、永安門以入，至左右上閤，鼓譟以進。方相氏執戈揚楯唱，振子和，曰：『甲作食殉，胇胃食虎，雄伯食魅，騰簡食不祥，攬諸食咎，伯奇食夢，強梁、祖明共食磔死寄生，委隨食觀，錯斷食巨，窮奇、騰根共食蠱，凡使一十二神追惡凶，赫汝軀，拉汝幹，節解汝肉，抽汝肺腸，汝不急去，後者爲糧。』周呼訖，前後鼓譟而出，諸隊各趨順天門以出，分詣諸城門，出郭而止。儺者將出，祝布神席，當中門南向。出訖，宰手、齋郎疈牲匈磔之神席之西，藉以席，北首。齋郎酌清酒，太祝受，奠之。祝史持版於座右，跪讀祝文曰：『維某年歲次月朔日，天子遣太祝臣姓名昭告于太陰之神。』興，奠版于席，乃擧牲幷酒瘞於埳。」（註三七）。

北齊時所擧行的大儺，振子共二百四十人，這時候却只用了二十四人，只合十分之一，很明顯的是這種儀式的重要性已漸受疏忽。所以自此以後，正史中就不再有大儺的記載了。

新唐書的這一篇資料，由於對於細節的詳細描述，使我們對大儺有了更清楚的認識。由這一篇的記載，我們知道，方相的「黃金四目」，原來是指他所戴的「假面」而言。此外，侲子及唱帥也都是帶著「假面」的。侲子等之戴假面，是以前的記載所沒有的，或許這是唐代的特殊情況也不一定。

而關於磔牲，前引隋書禮儀志提到：「隋制……其牲，每門各用羝羊及雄雞一。」這時則只用「

雄雞及酒」，由此也可看出比以前更加減省，較不隆重的一面。

另外，十二神追十二惡凶的咒詞，在後漢書所載的資料裡，是由「中黃門倡，振子和」，而在唐代則是「方相氏執戈揚楯唱，振子和」。顯然的，方相在大儺之禮中的重要性，是更受到强化了。但是，在唱罷咒辭之後，後漢書的記載尙有「因作方相與十二獸舞」，然後才「嚾呼，周徧前後省三過」，而在唐代，則咒詞唱罷，便「前後鼓譟而出。」若新唐書沒有漏記，則就整個儀式的過程來說，這時候的大儺顯然的不如後漢時的隆重，而且有較不重實質，而重形式的傾向。因爲「方相與十二獸舞」，就是象徵神靈追殺疫鬼的表演，正是這整個大儺之禮的精髓。

大概由於大儺之儀漸漸的傾向於形式化，不再像以前一樣的實際上受人重視，所以到了宋朝，雖然宮中在年終歲除之際依然照常舉行大儺，但是，正史中卻已不再記載。由宋綬、宋敏求等所編的宋大詔令集，我們知道至少在北宋時代，禁中仍然每年舉行大儺之禮。宋大詔令集明堂部，政和七年十二月：「有司大儺，索室驅疫，磔牲於南門之外。」以下至宣和三年十二月，每年所載大體相同（註三八）。

而由東京夢華錄等書的記載，我們大致上雖然仍然可以看出宋時大儺之儀的熱鬧與人數的衆多，但是，方相與十二獸等代表大儺之本來面目的種種內涵，卻已隱而不顯，代之而起的是所謂「將軍」、「門神」、「判官」、「鍾馗」、「土地」、「竈神」等等。

東京夢華錄除夕條：「至除日，禁中呈大儺儀，並用皇城親事官、諸班直戴假面，繡畫色衣，執金鎗龍旗。教坊使孟景初身品魁偉，貫全副金鍍銅甲裝將軍。用鎮殿將軍二人，亦介冑，裝門神。教坊南河炭醜惡魁肥，裝判官。又裝鍾馗、小妹、土地、竈神之類，共千餘人。自禁中驅祟出南黃門外轉龍彎，謂之『埋祟』而罷。」（註三九）。

夢粱錄除夜條：「禁中除夜呈大驅儺儀，並係皇城司諸班直，戴面具，著繡畫雜色衣裝，手執金鎗、銀戟、畫木刀劍、五色龍鳳、五色旗幟，以教樂所伶工裝將軍、符使、判官、鍾馗、六丁、六甲、神兵、五方鬼使、竈君、土地、門戶、神尉等神，自禁中動鼓吹，驅祟出東華門外，轉龍池灣，謂之『埋祟』而罷。」（註四〇）。

武林舊事歲除條：「三十日為大節夜，呈女童驅儺，裝六丁、六甲、六神之類，大率如夢華所載。」（註四一）。

由這些記載看來，古代大儺的某些形式雖然還保留着，但是內容確已大有不同。可以說，大儺的形態、內容，到了宋代已經大變。本來在大儺之儀中不可或缺的主持者方相，既已消失，代表驅逐邪祟與不祥的獸舞，更早已無存。可以說，大儺之儀到了宋代已經徒有其名，改頭換面了。雖然原始「驅疫」的涵意還尚保存著，但這時候的大儺，卻已完全和年節的「歡樂」的一面打成一片，變成了以熱鬧、戲劇性為主的「迎神賽會」了。

元朝時代宮中有無大儺，情形如何，正史既未記載，其他文獻中也難詳考，因此也就無從得知。然而，可以確定的是，這種有著長遠傳統，曾經倍受重視的年終驅疫大典，歷經轉變，到了明代，終於因喪失了原來面貌而消失無存。明人謝肇淛五雜俎卷二天部云：「儺以驅疫，古人最重之，沿漢至唐，宮禁中皆行之，護童侲子至千餘人。王建詩：『金吾除夜進儺名，畫袴朱衣四隊行』是也。今卽民間亦無此戲，但畫鍾馗與燃爆竹耳。」（註四二）。

我們認爲謝肇淛的說法是可以成立的，就是說原來的驅儺之儀在明代卽已消失，因爲後來的文獻雖然還記載著有各地方的驅儺，但是，和原來儺的主要內涵却已大不相同，我們只能說那是儺的轉化，而不是原來的儺。譬如跳鍾馗，跳竈王等等，都與儺有關，也可以說都是來自大儺，但却已不是古來的大儺。後人有時之所以還稱之爲儺，那是因爲這些儀式都與儺有關，而「儺」已經被當作所有有關「驅疫逐鬼」儀式的通稱的緣故。

顧祿淸嘉錄十二月跳竈王條云：「月朔，乞兒三五人爲一隊，扮竈公竈婆，各執竹枝，噪於門庭以乞錢，至二十四日止，謂之跳竈王。周宗泰姑蘇竹枝詞云：『又是殘冬急景催，街頭財馬店齊開，竈神人媚將人媚，畢竟錢從囊底來。』」。顧氏於此條下有按語：「案，李廓鏡聽詞：『匣中取鏡辭竈王。』是稱竈神爲竈王，唐時已然。又李綽秦中歲時記：『歲除日進儺，皆作鬼神狀，內二老兒，爲儺公儺母。』家雪亭土風錄，謂卽今之竈公竈婆。蔡鐵翁詩：『索錢翁媼綛成雙。』後漢，季冬大儺，謂之逐疫。梁書云：『儺謂之野雲。』南史曹景宗傳：『嘗於臘月，使人在宅中作邪呼逐除，爲野雲戲。』趙彥衞雲麓漫鈔亦云：『歲將除，都人相率爲儺，俚語呼爲野雲戲。』褚人穫堅瓠集云：『今吳中以臘月一日行儺，至二十四日止，丐者爲之，謂之跳竈王。』崑新合志又謂之保平安，戶各捨米，升合不等。蓋舊俗於二十四日，是日必祀竈，有若娛竈神，然後以一日不能徧，改而先期，今遂以月朔始矣，如長元志載：『十二月初一日，觀儺於市，二十四日止。』吳縣志：『十二月朔，給孤園中人扮竈王，二十四日止。』而范志謂臘月二十五夜觀儺，今非。惟江震志並載二十四日丐者塗抹變形，裝成女鬼判，嗷跳驅儺，索之利物，俗呼跳竈王。周密武林舊事亦云：『二十四日，市井迎儺。』又吳曼雲江鄉節物詞小序云：『杭俗跳竈王，丐者至臘月下旬，塗粉墨于面，跳踉街市，以索錢米，詩云：借名司命作鄉儺，不醉其如屢舞傞，粉墨當場供笑罵，只誇囊底得錢多。』」（註四三）。

由這一段記載，我們可以確定的說，跳竈王是由大儺轉化而來，具有大儺遺意的儀式，但是，它與原來的大儺在內容上卻已大不相同。如果我們把「儺」當作一切驅鬼逐疫儀式的通稱，當然我們可以說「跳竈王」也是一種「儺」，但是，如果嚴格一點的話，我們卻不能說「跳竈王」就是「大儺」。這個道理是很明顯的。

楊景鸘先生的「方相氏與大儺」一文中，引證了不少後來民間的儺戲儺儀，我們也只能以這個態度來看。就是各地民間的驅疫儀式，都是由本來的儺分化轉化演變而來的，但已經失却早期大儺的面目，而代以其他驅疫除邪的神靈或象徵（註四四）。我們說，鍾馗信仰是由大儺演變而來，也是這個道理。但是我們可以說鍾馗信仰是大儺遺意，却不能說鍾馗信仰或跳鍾馗就是大儺。

清嘉錄的這一段記載，不只讓我們知道了跳竈王這個習俗的由來，同時也提供了我們一些南北朝以後，民間對大儺的看法。

我們已經知道，由於大儺的擧行通常有著龐大的行列，和充滿戲劇性的場面，所以在北魏時就曾經被轉借爲練兵佈陣的演習。由清嘉錄的提示，我們更知道，正因爲同樣的理由，所以也早在南北朝時代，臣民們就以遊戲的態度來看待大儺了（註四五）。

大儺後來之所以漸失本來面目，終於沒落消失，而爲其他各種形式的新年驅邪迎神的儀式所取代，時代與社會的變遷當然是一個主因，但是，它本身所具有的那些熱鬧而戲劇化的場面，太吸引了人們的注意，以致人們往往只認識它熱鬧的表面，而忽略了它原來的內容與實際，無疑地也是一個重要的因素。

第三節　大儺的起源及名稱

雲笈七籤軒轅本紀曾有黃帝制儺儀的說法云：「東海有度索山，或曰度朔山，譌呼也。山有神荼鬱壘神，能禦凶鬼，爲百姓除患，制驅儺之禮以象之。」（註四六）。這是古來以一切制度器物爲黃帝所制所創的附會傳說之一，當然不值採信。但是，這個傳說卻不是道書所獨創，而是另有其淵源。神荼、鬱壘能驅凶鬼的神話，也由來已久。

論衡亂龍篇云：「上古之人，有神荼鬱壘者——昆弟二人——性能執鬼。居東海度朔山上，立桃樹下，簡閱百鬼。鬼無道理，妄為人禍，荼與鬱壘，縛以盧索，執以食虎。故今縣官斬桃為人，立之戶側，畫虎之形，著之門闌。夫桃人，非荼鬱壘也，畫虎，非食鬼之虎也。刻畫效象，冀以禦凶。」（註四七）。

同書訂鬼篇又云：「山海經又曰：滄海之中，有度朔之山，上有大桃木，其屈蟠三千里，其枝間東北曰鬼門，萬鬼所出入也。上有二神人，一曰神荼，一曰鬱壘，主閱領萬鬼。惡鬼之害，執以葦索而食虎。於是帝乃作禮以時驅之，立大桃人，門戶畫神荼鬱壘與虎，懸葦索以禦。」（註四八）。

衞宏的漢舊儀、應劭的風俗通義，蔡邕的獨斷，也都有著類似的記載（註四九）。

就因為桃梗、神荼、鬱壘等能驅鬼辟邪的神話傳說由來已久，所以在早期的驅疫儀式大儺當中，這些東西或人們心目的驅鬼神靈，便也派上了用場，在大儺之後，人們便以桃梗刻畫成神荼、鬱壘的形狀，以求保護家門。後漢書禮儀志的大儺之儀，在儀式完成之後，卽「設桃梗、鬱櫑、葦茭」，就是這個意思。神荼、鬱壘就是後來所謂門神的由來。

但是，由後漢書的記載，我們知道，設神荼、鬱壘之像，只是整個大儺完成之後的最後一部分工作，而不是驅儺之儀的主體。正因為如此，所以往後各朝史書所載的大儺，便沒有了最後的這一道「設桃梗、鬱壘」的手續。因此，若要說大儺之儀是由對神荼、鬱壘的信仰而來，是說不過去的。至於說儺儀是黃帝所制，那更只是附會的無根之談，不必深論。

儺是一種有著古老傳統的驅疫逐邪的定期儀式，因為它的舉行常常與節氣有關，而且主持者、參預者不是蒙獸皮，便是戴面具，又是聚衆喧囂群舞，有著種種很明顯的特色，所以研究者便各有偏重，對於儺這一種特殊儀式的起源有著各種不同的說法。本節探討儺的起源，即先從各家的說法開始。

陳夢家先生從卜辭與金文的研究上，認爲儺本來是一種乾旱時求雨的儀典，他說：「難祭本是一種求雨之祭，說文䳘、㰙、漢、漢、艱、難，和玉篇魋，驚毆疫癘之鬼的魋，皆從卜辭𦰩一字衍化而來。天暵故疫疾生，故有饑饉，故爲艱難，而毆疫鬼之事亦謂之魋，或曰難；古人把旱疫看成一事，故疫有癘鬼，旱有旱魃，周禮赤魃氏本是毆旱魃之職而後來掌除墻屋的貍蟲，正可見到清潔之難與農事之難的關係。」又說：「方相氏的四目與旱魃的四目相同，所以方相所飾卽旱魃。」（註五〇）。

這是從語源學上探索的方法，如此一來，似乎不僅解釋了儺的實際起源，並且連這種儀式何以特別稱作「儺」的問題也一併解決了。但是，這個說法看似合理，卻有漏洞。陳氏提出這個見解的基本立論之一是，儺這種儀式與農事有關，他說：「難祭與農事有關：一、出土牛勸耕；二、祭四方本有善惡兩義，惡爲毆逐疫癘惡氣不祥，善爲報功四方，所以難之磔攘四方，其積極之義在求地方無惡氣不祥而使農事豐收。」（註五一）。綜觀他的見解，就是認爲因爲旱魃最傷農事，而乾旱又最容易引起疫癘，所以儺就是因求雨然後又衍生出除疫的意思。

如果照他所說，則儺通常就應當在農事繁忙，或準備耕作，最需要雨水的季節爲最隆重盛行，而在我國的北方，農事最忙的季節是春夏秋，冬季則是收藏休息季節，俗語所謂「春耕夏耘秋收冬藏」，就是事實的寫照。但是，事實上，自有文獻記載以來，儺儀卻始終以最不需要求雨的季冬的儀典爲最隆重，最受重視。最怕乾旱，疫癘也最容易流行的夏季，卻反而受到忽視（說見本章第一節）。因此，他的所謂「儺祭本是一種求雨之祭」的說法，按之事實，就很難成立。

另外，卽就字面上的推論，說「儺、難、魌」等皆有乾旱艱難及毆鬼之意，也只是一偏之見。楊景鸘先生在他的「方相氏與大儺」一文裡卽曾提出異議。楊先生指出詩經中的許多「儺」字皆無此意。如檜風：「隰有萇楚，猗儺其枝，夭之沃沃，樂子之無知。隰有萇楚，猗儺其華，夭之沃沃，樂子之無家。隰有萇楚，猗儺其實，夭之沃沃，樂子之無實。」王引之經義述聞釋猗儺曰：「猗儺乃美盛之貌。」衞風竹竿：「巧笑之瑳，佩玉之儺。」傳云：「儺，行有節度。」小雅隰桑：「隰桑有阿，其葉有難。」傳云：「阿然，美貌，難然，盛貌。」商頌那曰：「猗與那與，置我鞉鼓。」馬瑞辰毛詩傳箋通釋說：「猗那二字疊韻，皆美盛之皃，通作猗儺，阿難，草木之美盛曰猗儺，樂之美盛曰猗那，其義一也。」（註五二）。許氏說文：「儺，行有節也。」段玉裁註：「衞風竹竿曰：『佩玉之儺。』傳曰：『儺，行有節度。』按此字之本義也。其毆疫字本作難，因假儺爲毆疫字，而儺之本義廢矣。其曹風之倚儺，則說文之旖施也。」（註五三）。由此可見陳氏所謂凡由「𦰩」之字都有乾旱艱難之意的說法是不完全正確的，因而他由此推論而來的「儺本是求雨之祭」的說法也說不過去。

同樣的從語意語根的源流來探索儺的起源是班尼迪克先生（Paul Benedict）。班尼迪克認爲在藏緬語族與漢語裡，Na是所有有關「病」的語根，古緬語、彈語、藏語皆然。就語意的演變而言，Na或Na卽由原來「病」、「苦」的含意而引伸出「病魔」之意，然後再演化出指「驅病魔之儀」的意思，中國古代「儺」儀的由來及得名即是如此（註五四）。

他的研究方法與結論都和陳夢家對「難」的研究有許多相似之處。可以說是異曲同工，相互呼應。沙弗先生（Edward H. Schafer）即綜合班尼迪克與陳夢家的意見，認為班尼迪克也已指出古藏語、撣語、緬語裡這個「病」、「魔」的語根和「熱」、「疫」的語根有相通之處，因此同意陳夢家「儺」是由乾旱求雨之祭而來的說法（註五五）。

這個見解，結論既與陳夢家先生的說法相互類似，其缺點便也與陳氏的說法相同，只要看看前面所引證的詩經與說文等有關「儺」的用法，即可發現他們的理論之不周延。即使退一步說，或許詩經中「猗儺」的「儺」字可能為假借字，但是字之假借，通常由於音同，無論如何，「儺」字用的是班尼迪克所說的Nɑ或Nɑ的音，而指的則是美好或繁盛之意。因此，Nɑ或Nɑ的音之不全有「病」或「苦」甚且「熱」之意是明顯的；而班尼迪克認為我國古代「儺」儀的起源及得名乃是由於「Nɑ」的語根皆有「病」、「苦」之意所轉化而來的說法，也就難以圓通了。

楊景鸘先生的前引文中，另外提到了常任俠先生與葛蘭言先生（Marcal Granet）兩人對儺的起源的不同看法。玆分別引述評論於後。

常任俠認為「儺是一種驅祟的神舞，從原始人的鬥獸而來，以後就成為戲劇性的表演。舞發生在巫之前，巫就因擅舞而得名，而巫和舞原本是一個字的不同寫法。舞的最初形式已不可考了，到周代才分為『文舞』和『武舞』兩種。文舞用羽籥，武舞用干戚，甲骨文和金文的舞字，都作人操牛尾或鳥尾的樣子。武舞執干戚，始於人與獸鬥或人與人鬥，在原始社會的狩獵中，部落種族的戰爭中，就安放了武舞的基礎。鬥獸舞也是武舞的一種，由於表演狩獵跳舞，而有模擬獸類動態的舞蹈形式產生。尚書皐陶謨『予擊石附石，百獸率舞』，擊石附石是伴奏的節拍，當產生於石器時代，石磬正是這一類的打擊樂器，百獸率舞，當爲人蒙獸皮的擬獸舞，大儺的逐獸，在部落時代已開其端。」（註五六）。

常氏的這種說法，可以說是只著重在「儺」這種儀式的表面形式而言的。在古代，狩獵舞誠然是一種普遍存在的模擬舞（Imitative or Mimetic Dance），也具有某種巫術的成份，原本是打獵的勇士們在出獵之前，模擬種種獵取動物的動作，藉以獲得自信與勇力的舞蹈，實際也是一種打獵的練習動作，由此觀點來說，這種舞卻又可以算是一種操練式的跳舞（Gymnastic dance）。

我們若從模擬舞的觀點來看，狩獵舞所模擬的當然是人與獸鬥，它的主要目的在於藉此獲得勇氣與信心以打取野獸，獲得食物。對於即將出獵的武士而言，野獸可能是凶猛而有力的，但却不一定是可怕的。但是大儺之儀裡面的方相氏與侲子等的呼喊唱咒，與作十二獸舞等等，他們所模擬的却不是人與獸鬥，因爲在他們心目中，他們所面對的，不是可作爲食物的野獸，而是那種種無處不在，卻又似乎無形無迹的邪魅。邪魅是令人無所捉摸而又恐怖的，是時時會侵襲人類，奪取人的生命的。舉行儺儀的目的，就在於藉著這種儀式的巫術力量驅逐這些邪魅。

大儺時侲子們唱的「甲作食殈，胇胃食虎，雄伯食魅，騰簡食不祥，攬諸食咎，伯奇食夢，強梁祖明共食磔死寄生，委隨食觀，錯斷食巨，窮奇、騰根共食蠱。凡使十二神追十二惡凶。」所謂的十二神與十二凶之名，有些至今已難以確考其義。雖然有些名字似乎與獸有關，但大部分則顯然不是獸（註五七）。我們寧可說這十二凶所代表的是種種為害人間的邪魅惡物，而十二神所代表的則是較十二凶更為强有力的神化的人獸鬼。現實上，神鬼或邪魅是無形難見的，即使為害人間的邪魅惡物，除了具體的毒蟲猛獸之外，也是不可見的，人們只能想像得之。這種藉神物驅逐疫癘邪魅的觀念，很難說其起源一定在人們懂得跳模擬的狩獵舞之後。巫與舞有關最初也不一定只是由狩獵而來。生老病死等人生的大關，在原始社會裡原本就往往以巫術來處理。巫著獸皮來舉行某種巫術也不一定限於狩獵一項（註五八）。我們只能說，在先民的心目中，舉行驅疫儀式之所以或蒙獸皮裝成獸狀，是因為可能在他們具體的知識裡面，所能想像模擬得到最凶惡的表徵，只是奇形怪狀的，有毛角的野獸。所以不論是代表疫癘邪魅的凶煞，或代表驅凶的神靈，也只能藉獸形來想像模擬。所以雖然如隋書禮儀志所說：「又作窮奇、祖明之類，凡十二獸，皆有毛角。」但是，這十二獸其實只是能為人間驅逐一切邪魅怪物的神靈的象徵或化身，而不是現實世間怪獸的模擬。由此觀點來說，常任俠說儺儀是來自狩獵舞的模擬也就難以自圓其說了。

更從主持儺儀的方相氏來說，他除了主持儺之外，另外還負有為死者入壙驅方良（罔兩邪魅）的職務。可以說，他是專門負責一切驅邪儀式的巫師，這種巫的來源自是很古，我們也不能說他們是在人們懂得跳狩獵舞之後才產生的。

另外，儺的另一個特色，就是它的舉行必有頗為壯觀的儀式行列（Procession），人們持炬火，擊鼓喧囂，浩浩蕩蕩的將邪魅逐出野外荒郊，儀式才算完成。這正是儺儀的主要構成部分，卻也是純粹的狩獵舞所無的。儀式行列（Procession）雖然和舞（Dance）有所相通之處，但卻不一定必相結合，因為兩者性質也有其各不相同的所在。儀式行列通常在比較大的儀式或典禮（Ceremony）才有（註五九），而儺之有其獨特的儀式行列，正是其特色之一，因此若要由狩獵舞來解釋儺的起源，對這一點就無法解說。

楊景鸘先生文中所引的法國葛蘭言（Marcel Granet）有關儺的起源的見解，主要的來自葛蘭言所著的中國文化一書。葛蘭言的主要意思是認為中國古代有所謂的「男子會所」之類的東西，在冬天農事完畢時，男子們有時為了逃避妻子的孕期，就聚在一幢公共的房屋裡，而儺，本是這種長期聚居的消遣，以後才加入驅鬼的宗教意義。另外，葛蘭言又在他的中國跳舞和傳說一書中說，冬季是一個休息季，人們在休息季停止了一切正式的活動，隱閉於村中，為怕災疫，關閉了城鎮之門，因此，驅鬼逐疫以打開城門為結束；冬季的大驅逐，也以向城門奉獻為結束。（註六〇）。

楊氏文中在引述葛蘭言這些見解之後，即對之有所批評。楊氏認為葛蘭言之會有「男子會所」的觀念，是由於誤解詩經豳風七月中「躋彼公堂」之意，「公堂」依朱傳所解乃「君子之堂也」，而不是公共的房屋，因此葛蘭言的說法不能成立（註六一）。

其實這個說法之不能成立，只要了解我們中國古代之儺並不只有季冬之儺，而另外尚有春、秋二季之儺的事實，就可明白。如果說多儺是出自「多季休息季」的額外活動，那麽，對於春、秋二季的儺就無從解釋。此外，類似儺儀的活動，據弗雷則（J. G. Frazer）的考察，普見於世界各地，並不是中國所獨有，包括寒帶地區，也包括熱帶地區（註六二），如果說這種儀式是來自「季多休息季」，那對這些普及寒熱帶各地的儀式，也都將無法解釋。依柏德（Derk Bodde）古代中國的節日（Festival in Classical China）一書的引述，葛蘭言在他的中國舞蹈與傳說一書中，對於中國古代各季有儺的事實是承認的（註六三）。既然如此，他的理論又何以有此發展，因筆者不諳法文，故僅簡述淺見如上，不便深論。

另外，柏德先生自己則認爲中國的儺儀是遠古的時候，傳自北亞烏拉阿爾泰（Ural-Altaic）地區的習俗，因爲，不論是漢朝或更早期的儺，都有很明顯的具有當地薩滿教（Shamanism）的特色，而且周禮所載方相氏之「蒙熊皮」所隱隱顯示的，正是來自西伯利亞部落民族或日本蝦夷人的熊之崇拜（註六四）。

對於柏德先生的這個論點，我們也有幾個疑難。首先，他提出這個論點時，特別參考了李約瑟（Joseph Needham）中國科學與文明（Science and Civilisation）一書第二卷頁一三二—一三九中論薩滿、巫、方士的一節。李約瑟書中這一節的論述，是有關中國古代巫或方士可能受來自北亞薩滿教影響的情形。他指出在古代中國即可能有 Shaman 的譯音存在，就是「羨門」（註六五）。史記封禪書中即有「始皇遂東遊海上，行禮祠名山大川及八神，求僊人羨門之屬。」將「羨門」當作

「仙人」之屬的記載。又有「羨門高……燕人，為方僊道，形解銷化，依於鬼神之事。」的話（註六六）。「羨門」既與神仙鬼神之事有如此密切的相關，而羨門高又是來自北方燕地的陰陽家之徒，因此正如李約瑟所說，「羨門」很可能就是先秦時代對「Shaman」的譯音，即是北方薩滿教的巫者之屬，而這也可能就是薩滿的觀念在當時即已進入中國的明證。但是，李約瑟的這項考證，卻只能用來說明在當時的中國神仙方術思想，有可能受來自北方的影響而已，而不能用來證明中國古代的巫者或方士的觀念全來自北方。因為早在商代的甲骨文中就多的是有關巫術的資料，而先秦時代的南方楚國也號稱巫風鼎盛。巫術的觀念與實際本來就是普遍存在於世界各地的，在鄰接的地區，或許免不了會有互相影響，正如其他各種文化要素一樣，但要說那一個地區是先，那一個地區是後，完全的移植，卻不是一件容易的事。

而且即使如李約瑟書中所說，「羨門」是明顯的來自薩滿，但是以他的考證，羨門子高最早的時代也只是可能在公元前四世紀的後半期（註六七），比孔子尚且晚二百多年，而在孔子的時代，已早有「儺」的記載了。我們當然並不認為「羨門」一辭的出現，就是代表薩滿影響中國巫術思想的年代上限，但是，這也說明了若要單從文獻資料的記載來指證「儺」是來自北方烏拉阿爾泰的習俗，即薩滿教的習俗，是頗為困難的一件事，他得找出更多更早的證據，否則，若只是因為先秦時代的巫可能有著薩滿的影響，便要作出「儺」也是來自薩滿的推論，實在很難說得圓通。因為「儺」這種儀式，正像其他各種各類的巫術一樣，是曾經普遍存在於世界各地的。

當然，柏德先生主要的論據不在於此，而在於方相氏的「蒙熊皮」，使他想起了西伯利亞部落人民以及日本蝦夷人的熊之崇拜，因而才把「儺」的起源推論到這些北方民族的習俗。

關於亞洲北方民族，特別是蝦夷人和通古斯人對熊的崇拜，弗雷則的金枝（Golden Bough）一書中曾有專節討論。根據該書的介紹，這些民族對熊的崇拜是非常奇特的，他們以熊爲神，也以熊爲食物。他們崇拜熊，他們更獵殺熊。他們舉行熊宴，或可以說慶祝熊節，是大家一齊來吃一隻他們豢養大的熊，也有種種的儀式。他們認爲熊可能幫助他們驅趕邪魅惡靈，因熊是他們的神。他們也認爲吃熊的肉，喝熊的血可以獲得勇氣與力量。但是無論如何，他們卻沒有在一個特定的期間專門「蒙熊皮」來舉行驅逐邪魅的儀式（註六八）。由這一個觀點來說，若要認爲我國古代的儺，由於方相之蒙獸皮，便斷定是由這些北方民族的熊之崇拜的習俗而來，是說不過去的。

另外，我國由古代到現在，不論北方或南方到處都有熊的足迹，古籍中有關熊的記載也不少（註六九），但是卻沒有類似這些北方民族對於熊的崇拜的資料（註七〇）。孟子書中談到熊掌，也只是認爲它難得與味佳而已，並無任何一分的「崇敬」之意在。可見熊的崇拜這個習俗，在我們中國並未流行過。熊的崇拜既未有痕迹，因此，若說中國的「儺」，因爲方相氏蒙熊皮，便說是來自崇拜熊的北方，也就很難自圓其說。如果只是因爲在不同地方的某些儀式中，發現有一些相同的法物或特徵，便要說這種儀式是由某地傳自某地的，那麼，世界各地所同有的各種逐除邪祟的儀式，往往有許多相同的特徵，豈不都是由同一地方傳去的？這是說不通的。

我們認爲方相氏之蒙熊皮，較爲合宜的解釋，應當只是藉著它的形狀來代表威猛的形象而已（註七一）。卽使方相之「蒙熊皮」眞的是有著來自北方民族習俗的影響，但這也並不就等於表示「驅疫」儀式本身也是來自北方這些民族。主持儀式者的裝扮，或許是構成該儀式之所以別於其他儀式的特色之一，但是和儀式本身的起源卻並沒有必然一定的關聯性，這一點應當是可以劃分清楚的。否則如果我們只是看到荊楚歲時記的記載，謂「十二月八日爲臘日，諺語：臘鼓鳴，春草生。村人並擊細腰鼓，戴胡頭，及作金剛力士以逐疫。」（註七二），便說「逐疫」之禮是來自佛教，因爲他們扮作「金剛力士」，豈不大謬！我們頂多只能說，因爲受了佛敎的影響，所以當時的人逐疫便有了金剛力士的裝扮。對於周禮等所載，方相主持儺儀時之蒙熊皮，亦當作如是觀。

此外，楊堃先生在竈神考一篇文章中，曾說：「余相信竈王爺與儺祭原是來自一源，卽全由祀火之禮演變而來。」然後又說：「考儺禮之興，當由於驅疫」「據余之推測，太古之民，穴居野處，生活條件，太不衞生。故疫厲之爲患，當然比今日之虎疫更爲嚴重。先民雖無科學知識，然而驅疫之策，自然亦要講求。此儺禮之所由興也。」「惟吾人所應注意者，乃先民驅疫之法，雖爲宗敎與巫術的，然而亦具有科學之事實焉。此卽用火驅疫之法也。」（註七三）。

這種說法，似乎言之成理，其實本身就有語病。「祀火之禮」與「驅疫之禮」並不是同樣的一件事。既然說儺祭是來自「祀火之禮」，怎麼又可以說是「由於驅疫」？而如果說明了「用火」是「驅疫之法」，也並不等於就是「驅疫」起於「祀火」的證明。

古人認爲火代表光明，並認爲用火可以驅逐邪祟惡獸，是普遍存在的事實，但是，用火驅邪，只可以說是「驅邪」的一種可能方法，我們不能因此就說驅邪的意念是來自對火的崇拜。更何況古人擧行驅疫的儺儀，所持的物件與所用的方法並不只是「用火」。古人擧行儺儀時「持炬火」，用火來當作驅疫逐祟的象徵是可能的，但是如果因此而推論驅疫的儺來自祀火之禮，却未免有將手段誤爲目的之嫌。在未有更多更確實的證據之前，此說自難使人信服。

前述諸家有關儺的起源的說法，雖各言之成理，但未免各有所偏，因此也就未能盡得其實。我們知道，儺儀的擧行，主要目的在於驅疫逐鬼，驅疫逐鬼的作用，則在於祈求身家性命的平安。而古代的人之所以會有這種儀式，而且普遍的存在於世界各地，是因爲當時的人認爲人之所以會有疾疫死亡，往往是由鬼物邪魅的作祟而來。依人類學家柯林斯（John J. Collins）綜合前賢研究所得，古代的人或較未開化的民族，認爲人之會生疾病的原因，大體上可歸納爲五種：一、由於巫術魔法的作弄。二、由於破壞或違背了禁忌（Taboo）。三、由於外在致病物質的侵入。這裡所謂的致病物當然不是如我們現代人所說的「細菌」，而是一些由巫師或神靈等加之於受害者身上的毛髮、骨片等等。這些致病物若不除去，則病人永遠受苦。四、由於惡靈鬼物的侵害。五、由於魂魄的喪失（註七四）。

以我們現代人的眼光來說，這五種所謂的致病的原因，當然都是迷信。但是，對於未有現代科學知識的古代人而言，面對難以解釋的種種可怕的疾病或死亡，卻只能歸之惡靈鬼物的作祟。這五種所謂致病的原因，每一種都和超自然的現象有關，在我們中國古代也都能找到例證。古代之所以「巫」

「醫」連稱，就是因爲當時的醫，實際上就是巫，他們爲人治病，就是爲人驅逐致病的邪魅。

個人的疾病既然被認爲是常由鬼魅邪祟所引起，對於動輒引起多人死亡的疫病，當然更被認爲是惡靈疫鬼的作祟。周禮春官占夢「遂令始難毆疫」條，及夏官司馬「方相氏掌蒙熊皮」條，鄭玄註兩云「疫癘之鬼」，東漢末年劉熙所寫的釋名釋天也說：「疫，役也，言有鬼行役也」（註七五），就是證明。而論衡、漢舊儀、蔡邕的獨斷，干寶的搜神記等等，更都有關於疫鬼的傳說，以其文字內容大同小異，僅引論衡的記載以爲證。論衡解除篇云：「解逐之法，緣古逐疫之禮也。昔顓頊氏有子三人，生而皆亡，一居江水爲虐鬼，一居若水爲魍魎，一居歐隅之間主疫病人。故歲終事畢，驅逐疫鬼，因以送陳迎新也。世相倣效，故有解除。」（註七六）。這一段記載不止提供了疫鬼的傳說，並且說明了逐疫（卽儺儀）的由來。有關疫鬼的傳說，當然不值採信，但是說明古人因爲害怕疫鬼相侵，所以有逐疫驅厲之儀，卻是頗合事實的說法。

另外，道教的太上洞淵神咒經一書，雖然較爲後起，但全書所言，幾乎全是疫厲之鬼爲害人間，及神靈如何爲人間趕逐、驅殺疫鬼之事。其所表現的觀念，認爲人間疫病乃由疫厲之鬼爲害是一樣的。人之得病以致死亡，或部族之遭受疫病侵害，既然常常是由惡靈鬼物侵害而起，而在古代人的心目中，惡靈鬼物又無處不在，偶一不愼，或稍一觸犯，卽便遭殃（註七七），因此，古代的人除了患病時請巫師驅邪治療，日常行事有諸多避忌，以防邪魅侵襲之外，於部族受到疫病侵害時，更常舉行公開的，大規模的逐疫儀式。這就是驅疫儀式，也就是儺的最初由來。

因爲公開的驅疫儀式，每在部族之間有不安之事發生時爲之，所以初期的驅疫儀式，便往往是不定期的（註七八）。到後來爲了祈求部族聚落的長遠平安，不受疫病之害，便漸漸的演變出了定期舉行的驅疫儀式。這種儀式的舉行，曾普遍的存在於古代世界，以及現在仍較未開化的民族當中。（註七九）。

在我們古代的中國，這種儀式，也就是儺，見諸於周禮及月令等的記載的，已是定期舉行的儀式，在此之前，當已先有不定期的此種儀式存在，或許是由於不定期的儀式，未成爲制度，所以爲禮書等典籍所不載。而在這些定期舉行的驅疫儀式中，世界各地所同然的，又往往以季冬年歲更換之際所舉行的爲最隆重。這大概由於年歲更換之際，常令人有展望新生的企盼，因而藉著新舊更換的最後時刻，舉行驅疫大典，逐除一年來積壓的種種陳腐之氣，及種種邪祟不祥，以迎接一番新的氣息。另外，這與溫帶地區的住民，每當季多，正是耕作的休息季，或許也有關係。前引論衡解逐篇所謂的「歲終事畢，驅逐疫鬼，因以送陳迎新內吉」正是此意。

而舉行這種儀式之所以常常行列龐大，擊鼓喧囂，或手執器械持炬火等等，則因逐疫本來是整個聚落居民共同的事，行列龐大，喧囂鼓舞等，正在於造成一種聲勢，以「驚驅疫鬼」。這是屬於一種巫術的心理交感作用。

另外，在我們古代中國的驅儺，主持儀式的方相又有特殊的裝扮「黃金四目、蒙熊皮」等等，也是基於同一種心理作用，後來鍾馗的形象即是從方相演化而來，以其爲本論文重點所在，故另於下節詳論之，此不另贅。

無疑的，儺這種驅疫儀式也是一種巫術的行爲，而巫術的行爲依馬凌諾斯基的話來說，是「以人類活動及狀態爲主。」「巫術信仰和實務的基礎，非爲空中樓閣，而是建立在一些實際生活的經驗之上，人在這些經驗中，深受本身有能力達成理想目的的啓示。」（註八〇）。先民生活在知識欠缺的環境裡，隨時面對種種足以殘害生命的疾疫或外力的威脅，爲求身家性命的安全，種族的蕃衍，以生生不息，巫術便是他們所憑藉以自衛的方法之一。在有限的經驗與知識的限制底下，先民們之舉行像儺這種驅邪逐疫的巫術儀式，正充分表現了他們要求清除生活障礙，對抗外在侵襲的信念，也表現了他們對生命堅執的渴望。巫術本來就是「建立在一個信仰之上，卽認爲希望能夠實現，渴望不會落空。」（註八一）。因而，這種在我們現代人看起來可以說是屬於一種迷信的儀式，便代代相傳，形成了一個綿亙長久的文化傳統。

這種驅疫儀式的來源旣已清楚，剩下的另一個問題就是這種儀式又何以稱作「儺」？

前文論述儺的起源時，曾提到陳夢家及班尼迪克（Paul Benedict）的見解。他們兩人分別從語源學的不同角度來解釋儺的起源，同時也就等於給「儺」這種儀式何以稱作「儺」提供了他們的看法。我們不同意他們對「儺」的起源的解釋，所以也就不同意他們所說的「儺」之得名，是由於「儺」或「難」的本意爲乾旱或病苦的說法，其說已見前述，玆不贅述。

關於這種驅疫儀式之所以稱作「儺」的理由，歷來也有各種不同的說法。

鄭玄註周禮占夢認爲「難謂執兵以有難却也。」註方相掌蒙熊皮亦云：「方相氏以難却凶惡也。」是將「難」當作動詞用，也就是說他認爲「難」之得名，是由於這種儀式是用來「難却」——卽驅逐排斥之意——凶惡的緣故。

鄭註占夢又引杜子春說：「杜子春難讀爲難問之難。」賈公彥疏云：「杜子春云難讀爲難問之難者，以其難去疫癘，故爲此讀。」也就是說杜子春認爲「難」不讀「No」的音，而當讀如困難的難。而這種驅疫儀式之所以稱作「難」，是因爲疫癘難去的緣故。

近人楊堃的見解與杜子春正復相同，楊氏說：「驅之又來，永遠無效，此儺之所以終訓爲難也。」（註八二）。

許維遹呂氏春秋集釋季春紀「國人儺」條註引徐鼎曰：「說文，難、儺皆無逐疫之訓。䰰，見鬼驚詞。高云，擊鼓大呼，有驚詞意，則玉篇以䰰爲驚敺疫癘之鬼者，正說文之義。是䰰爲本字，難儺皆假借字矣。」（註八三）。認爲儺的本字當作䰰，而䰰之本意，則是見鬼所發出的驚呼之聲。段玉裁註說文「䰰，見鬼驚詞」條云：「見鬼而驚駭，其詞曰䰰也。䰰爲奈何之合聲，凡驚詞曰那者，卽䰰字。」（註八四）。

以上這幾種解釋，筆者認爲以徐鼎的說法較爲切近事實。因爲如果依鄭玄所說，「難」之得名，是由驅逐惡凶的動作「難却」而來，則其又稱作「儺」，便難以解釋。至於楊堃先生以爲「儺」之得名，乃因爲疫癘難驅之故，也難以圓通，畢竟「儺」、「難」在古書中用來專指驅疫之禮時，只讀「

No.」的音，而不讀如困難之難。顯然的，古代的驅疫儀式之所以以「難」或「儺」爲名，是來自驅疫時所發的聲音，所以有時又與「䰩」可以相通。予向先生在「釋儺」一文中所說的「儺本爲䰩字之假借，說文䰩，見鬼驚詞，註見鬼而驚駭，其詞曰䰩，䰩爲奈何之合聲，凡驚詞曰那者，卽䰩字，詩小雅桑扈受福不那，說文作儺字，左傳棄甲則那，亦是奈何之合聲。驅逐疫鬼，擊鼓大呼，似見鬼而逐之故曰䰩。此言儺字之誼，䰩則其正字耳。」（註八五），正是此意。

第四節　方相與鍾馗

我們說鍾馗的信仰來自大儺，有關大儺的起源、內容、特性及演變的情形，已如上述。由這些有關大儺的資料，我們已經大略可以找出鍾馗信仰的影子：鍾馗信仰是爲驅疫除鬼，大儺的舉行正是爲了驅疫逐鬼。鍾馗信仰是年終行事，大儺之儀也正是年終行事。鍾馗信仰是全國上下一致共有的習俗，大儺也正是上自宮廷下至百姓皆有的儀式。而鍾馗形相之特別醜惡，則正是方相裝扮的轉化。由於前文旨在分析大儺的來源及其內容，對於方相所裝扮成的形貌及其代表的意義，並沒有深入的探討，因此本節卽專就此一問題再做進一步的分析，由方相所裝扮的形狀及意義，來說明鍾馗造形的由來，則鍾馗信仰來自大儺的眞相便可大白。

方相是大儺的主持人，與世界各地所舉行的驅疫逐鬼典禮一樣，他是戴著面具，披著獸衣，裝扮成可怕的形狀的（註八六）。

周禮方相氏蒙熊皮，鄭玄註：「蒙，冒也，冒熊皮者，以驚毆疫癘之鬼，如今魌頭也。」新唐書禮儀志：「侲子，假面，赤布袴褶……方相氏，假面，黃金四目，蒙熊皮，黑衣朱裳。」已為我們說明了方相氏主持儺儀時的形狀：頭戴黃金四目的假面，蒙著熊皮，正像魌頭。

雖然由這些描述我們大體上已經知道，方相氏所裝扮成的形狀是可怕的，但是所謂的「黃金四目」是什麼？說它像「魌頭」，「魌頭」又是什麼形狀？兩者有什麼關係？而主持這種儺儀，裝扮成這種形狀的人又為什麼叫做「方相」？這幾個問題實際上都還需要再進一步的加以澄清，然後對「方相」的眞義，以及他和儺儀的關係才能有眞正的了解。

先說「方相」的意義。

據前賢的考證，「方相」原來也是鬼物之名。

俞樾在群經平議一書中，卽根據「聲近而義通」的原則，指出蝄蜽、罔象、罔兩，都是疊韻連語，為恍惚窈冥之意（註八七）。江紹源先生卽根據俞樾之說，推而廣之，除認為「罔兩、罔相、蝄蜽、魍魎、罔浪、罔閬、方良、罔象、無傷」等等，義皆相通之外，更進一步指出：「方相也只是罔象。」（註八八）。

楊景鸘先生也根據董同龢上古音韻表稿，指出方相和罔象、方良等都是疊韻連語，因此認為方相和方良、方皇、罔兩、罔象、無傷等都是指的相同的物事（八九）。

方相既與罔象等義皆相通，當然指的就是鬼物一類的東西。這種由聲義相通所考證得來的見解，自有其學理的根據。而且方相卽鬼物的說法，古人也早已有之，並非空穴來風。段成式酉陽雜俎卷十三：「據費長房識李娥藥丸，謂之方相腦。則方相或鬼物也，前聖設官象之。」（註九〇）。

李時珍更認爲所謂的方相與魌都是鬼物。本章綱目卷五十一罔兩條：「其方相有四目，若二目者爲魌，皆鬼物也，古人設人像之。昔費長房識李娥藥丸用方相腦，則其物亦入辟邪方藥。」（註九一）

因爲方相本來就是鬼物，而這種鬼物大概特別的凶猛，所以古人就裝扮成想像中「方相」的形狀，來驅逐一般的邪魅疫鬼。這種以鬼嚇鬼的心理，顯然的，正是同類相尅（like cure like）巫術的運用。也可能因爲「方相」這種鬼物是人之所恐怖的，因而推想它也當爲疫鬼邪魅所懼怕，所以便藉著「方相」的形相來驅疫逐鬼。

周密癸辛雜識前集「呼名怖鬼」一條所說的故事，正是這種心理的表現：「檀道濟雄名大振，魏甚憚之，圖以禳鬼，江南人畏桓康，以其名怖小兒，且圖其形於寺中，病瘧者寫其形帖床壁，無不立愈。」（註九二）。

也可能人們認爲「方相」本來就是世間的邪魅疫鬼所怕的另一種鬼物，所以才裝扮成它的形像來驅逐疫鬼。就像人自己怕鬼，就推想鬼一定也怕鬼死後的鬼——聻，於是便常書寫黏貼「聻」字以驅鬼的心理是一樣的（註九三）。

無論如何，方相本來就是鬼物的一種，古人認爲這種鬼物可以嚇逐疫癘之鬼及其他邪祟，所以在舉行儺儀時，主持的巫師便戴上面具，裝扮成他們心目中所想像的方相之形，久而久之，這種戴著方相面具的儺儀主持人便被稱作方相氏了。

方相在古代人們的心目中既能驅逐疫癘之鬼及其他邪祟，因此，除了舉行驅疫的儺儀用方相來主持以外，行喪葬之禮時，便也用方相。喪葬之時用方相，大致可包括兩種情形，一種是在出殯時以方相（氏）為前驅，後漢書禮儀志大喪：「大駕，太僕御。方相氏黃金四目，蒙熊皮，玄衣朱裳，執戈揚楯，立乘四馬前驅。」（註九四）。也就是周禮所謂的「大喪先匶」之意。到了墓地，方相氏便「入壙，以戈擊四隅敺方良。」另一種情形是在墓壙四壁刻劃方相等驅邪神靈鬼物，以為鎮守，後世的古墓發掘，多有方相出土，卽是證明（註九五）。

喪儀之所以用方相，當然也是用來驅逐邪祟的。其作用正如賈公彥疏「大喪先匶」條所云：「喪所多有凶邪，故使之導也。」更如江紹源先生所言：「方相之設，顯有兩個目的：一以禦其他精怪，免得它們與死者為難；二以防亡人，使勿魂氣飛揚，出為人害。」（註九六）。

正因為方相也是舉行喪儀時的重要角色，用來驅逐邪祟，以保護生者及死者，所以便由此而衍生出其他的解釋及名稱。雲笈七籤軒轅本紀云：「帝周遊，行時，元妃嫘祖死於道，帝祭之以為祖神，令次妃嫫母監護於道，以時祭之，因以嫫母為方相氏。」原註：「嚮其方也，以護喪，亦曰防喪氏。」（註九七）。以嫫母為方相氏的說法，當然不值採信，但是會有這個說法，則是因為傳說中的嫫母容貌奇醜，而方相氏所裝扮的「方相」也正是奇醜的鬼物之故。至於說方相氏又稱作「防喪氏」，則只是由方相在喪儀中的作用聯想而來，雖兼取其音，又取其意，但是只能算做對「方相」在喪儀中所具的功能的解說，不足以包括方相的所有特質，因此所謂方相又叫「防喪」的說法也就不曾通行。

另外，由於方相是出殯時用以驅逐邪祟的先驅，所以後來又被當作開路神君。三教源流搜神大全云：「開路神君乃是周禮之方相氏是也。相傳軒轅皇帝周遊九垓，元妃嫘祖死於道，令次妃好如監護，因買相以防夜，蓋其始也。俗名險道神，一名阡陌將軍，一名開路神君。其神身長丈餘，頭廣三尺，鬚長三尺五寸，鬚赤面藍，頭載束髮金冠，身穿紅戰袍，腳穿皀皮靴，左手執玉印，右手執方天畫戟，出柩以先行之，能押諸凶煞，惡鬼藏形，行柩之吉神也。」（註九八）。

方相即所謂魌頭的說法，大概也是由方相在喪儀時的作用及其形狀而來。舉行儺儀時的方相，典籍的記載則自始只稱方相，尚未見到提及其他另外的稱呼。而和喪儀有關的方相，則不只有魌頭這一別稱而已，更另有其他的名稱。

太平御覽卷五百五十二引風俗通佚文：「俗說亡人魂氣飛揚，故作魌頭以存之，言頭體魌魌然盛大也。或謂魌頭爲觸壙，殊方語也。」（註九九）。酉陽雜俎卷十三：「世人死者有作伎樂，名爲喪樂，魌頭所以存亡者之魂氣也，一名蘇，衣被蘇蘇如也，一曰狂阻，一曰觸壙，四目曰方相，兩目曰魌。」（註一〇〇）。有關這些異名的由來孫楷第說：「余謂方相亦稱觸壙，觸壙蓋以戈擊壙四隅之義也。」（註一〇一）。楊景鸘先生更進一步的提出解釋：「方相魌頭，本是一物，稱蘇，所謂『衣被蘇蘇如也』是指他的衣飾裝扮而言；稱狂阻，是指他舞蹈的狂態；稱觸壙，是指他入壙以後以戈擊四隅的舉動。因爲從不同的角度觀察，就有了不同的名稱。」（註一〇二）。這種說法，大致可信。

至於方相又叫魌頭，是因爲「方相」一詞後來又作爲指「方相氏」所戴的「鬼頭面具」而言，而魌頭也正是鬼頭面具，都在喪葬時使用。兩者的分別只是方相四目，魌頭二目而已。魌字與䫏、倛、娸、僛音義原都有相通之處，同是形容醜陋之意。說文頁部：「䫏、醜也，从頁其聲，今逐疫有䫏頭。」荀子非相篇：「仲尼之狀，面如蒙倛。」楊倞註：「倛，方相也，其首蒙茸然，故曰蒙倛……韓侍郎云：四目爲方相，兩目爲倛，則見之者皆走也。」（註一〇三）。淮南子精神訓：「視毛嬙西施猶䫏醜也。」高誘註：「䫏頭也，方相氏黃金四目，衣䞓，稀世之䫏貌，非生人也。但其象耳目䫏醜，言極醜也。」（註一〇四）。

由此可見在古人的心目中，方相和魌頭本是同一類的東西，有著同一的用途，雖然有四目、兩目之分，但實際上是互相通用的，而其共同的特性就是它們的形狀醜陋凶惡無比。鄭玄註周禮「方相氏狂夫四人」云：「方相猶言放想，可畏怖之貌。」雖然我們不知「放想」爲何義，但方相形容之可怖，則是其顯著的特徵。

關於方相「黃金四目」的形狀及意義，雖然按字面表面上看起來似乎很明顯，就是方相的假面上裝有四顆金光閃閃的眼睛，形狀可怖之意（註一〇五）但是近代的研究者卻別有見解，認爲不如此簡單。

江紹源先生認爲所謂的四目，應當是「四面」之意，因爲：「四目的方相，吾人尚未發現，古銅器圖案，亦無作四目裝飾者。頗疑四目之訓，當爲四面。古文中如首頁夏等象面之字，皆與目形近。聞宥氏目文研究言之綦詳，若訓四目爲四面，則與狂夫四人文合，與出土實況亦合，故鄭氏周禮註即以方相爲倛頭，不別云四目也。」（註一〇六）。

楊景鸘先生同樣的鑑於出土的古代方相，尚未發現有四目者，卻只有巨眼、凸眼等一臉凶狀的，因此便採取古人有重瞳之說及邪視者能導致別人死亡、疾病、貧困等觀念，而認爲：「毆鬼逐疫的方相，正需要一雙凶狠不凡的眼睛，以達成他所負的任務；於是有各種形容其目的說法，或形容其大，或形容其凸，或形容其豎，或形容其尖利，自然也有形容其爲重瞳子的。以後由於傳說演變慣有的誇大現象，使重瞳子變成了四目的記載，目的也只在表示它的凶狠與不凡，與『大』『凸』『豎』的意義完全一樣。這或許就是一切方相的造像與畫像都是兩目，而記載卻有四目的緣故了。」（註一〇七）。

這兩種說法同時建立在一個前提上，就是現在出土的方相並沒有屬於四目形狀的，因此，都認爲所謂的方相「黃金四目」並不是眞的指「四顆眼睛」而言。對此，我們有不同的看法。我們認爲「四目」還應當是指「四顆眼睛」而言。

首先，如前所述，如楊倞引韓侍郎（韓愈），及酉陽雜俎的說法，所謂的「方相四目」都是與「魌頭二目」對照而言，明白的是指眼睛的數目而說。因爲方相與魌頭本來就是同指一種東西，只是由眼睛的數目有所差別，有時便有異稱，原則上還是可以通用的，古書便也有二目而稱「方相」的，如搜神記卷九：「庾亮字文康，鄢陵人，鎭荊州，登廁，忽見廁中一物，如方相，兩眼盡赤，身有光耀，漸漸從土中出。」（註一〇八）。不過，嚴格的劃分，還是稍爲有些差別的。隋書禮儀志：「後齊定令……三品已上及五等開國，通用方相，四品以下，達於庶人，以魌頭。」「開皇初，高祖思定典禮……撰儀禮百卷，悉用東齊儀註以爲準，亦微採王儉禮……其喪紀，上自王公，下逮庶人，著令皆爲定制，無相差越……四品已上用方相，七品以上用魌頭。」（註一〇九）。這雖然可能是由於帝王爲定上下尊卑的關係，然後硬性規定的結果，但是，之會規定品高者用方相，位低者用魌頭，則大概是由於方相與魌頭在人們的心目中原來便稍有差別之故，也就是說，可能是因爲方相「四目」，形製較爲複雜，所以位尊者用之，而魌頭則惟二目，較爲簡單，所以爲位卑者所用。由於用魌頭的人較多，後世發掘出土的方相，當然便以二目的爲多。但是卻不能因此而推論說「四目」是指重瞳或邪眼的誇張說法。

柏德先生（Derk Bodde）曾經提出，收藏於巴黎 Musee Cemuschi 的一個泥像，據說可能就是漢朝所遺留下來的方相。這個泥像前後有二個面目，各有二隻眼睛，共爲四目（註一一〇）。如果此說屬實，則方相四目之說，便是確指四顆眼睛而言。

我們認爲方相的四目，確實是指四隻眼睛而言。而四目的意義，則正如鄭鍔所說，在於「能視四方疫癘所在，無不見也。」（註一一一）。此與柏德先生的意見，正復相同（註一一二）。

了解了方相的形狀，及其各種異稱和作用之後，我們便可以歸結到鍾馗與方相這個本題了。

由以上的分析，我們知道，不論是方相或魌頭，都是古代的人舉行儺儀或喪儀時所戴的鬼物假面，因爲它所裝扮的是鬼物之形，所以形狀奇醜可怖，怪異凶惡。主持這些儀式的人，因爲戴著這「方相」假面，裝扮成「方相」之形，所以便叫做「方相氏」。而驅疫逐祟之所以要戴這種可怖的鬼物假面，裝扮成鬼物之形，前面已經說過，是來自一種同類相尅，或以惡制惡的心理。

古代的人們基於這種心理，而認爲戴著鬼假面可以嚇鬼的想法，下面一則故事尚可以作爲一個額外的說明。

馮夢龍的譚概卷三十四有「鬼畏面具」的故事：「金陵有人擔面具出售，即俗所謂鬼臉子者，行至石灰山下，遇雨沾溼，乃借宿大姓莊居，莊丁不納，權頓簷下，愁不能寐，而面具經雨將壞，乃拾薪熱火熯之，首戴一枚，兩手及兩膝各冒其一以近燎。至三更許，有一黑大漢，穿一黑單衣，且前且却。其人念必異物，懼其面具而然，乃大聲叱之，黑漢前跪曰：『我黑魚精也。』『家何在？』曰：『在此里許水塘中，與主人之女有交，故每夕往來，不意有犯尊神，望恕其責。』其人叱之使去。明旦，訪主人之女，果病祟，遂告之故，竭塘漁之，得烏魚，重百餘觔，乃醢而擔歸。」（註一一三）。

由上述對大儺的起源、目的，以至對主持大儺的方相的探索，我們現在已經可以作個小結論。大儺是年終驅疫的儀式，儀式由戴著醜陋鬼假面的方相主持，儀式的進行是喧囂熱鬧的，參加的人們擊鼓、舞蹈又高聲吆喝念咒，充滿了情緒化的戲劇性，所以後來竟有人以之爲戲，藉此操兵。

我們再看看鍾馗的信仰。鍾馗的信仰也是年終驅疫逐鬼，祈求平安的信仰，鍾馗的形象則是醜陋又凶猛。實際上，在神話中，鍾馗本是一個驅殺小鬼的大鬼，方相也正是可怕的大鬼。而歲除之際，，人們崇拜鍾馗，除了張貼他的神像之外，更有沿街跳鍾馗的習俗。跳鍾馗也是喧鬧舞蹈而進行的。這一切，可以說都是來自大儺的翻版。所以說，鍾馗信仰是大儺的轉化，鍾馗則是方相的轉化。

我們說鍾馗是由方相轉化而來，然而，主持大儺之儀的方相，實際上是由戴著假面的巫師所裝扮而成。巫師是個現實而又具體的活生生的人物，而鍾馗則是個神鬼，兩者可以說是屬於不同層次的，何以會由方相而轉化出鍾馗？我們認為這轉化的契機，個中道理並不複雜，因為在古代人們的心目中，常常就認為主持儀式的巫師、祭師，是具有神力的，當他們主持儀式時，人們認為他們或為神所附身，或即為神的化身，因而加以崇拜（註一一四）。主持儺儀的方相之會轉化出逐鬼的鍾馗，其道理在此。

神話學家坎貝爾（Joseph Compbell）更指出，原始社會的人們，對於節慶裡所用的面具，雖然他們明知那面具是人做的，也是供人穿戴的，卻往往把它當作它所代表的神靈的化身，而加以崇敬。更進一步，在儀式舉行期間，穿戴這面具的人，連同面具，就被認為是一個主體，被當作了神。這時候，他不只代表神，他本身就是神（註一一五）。

由這個觀點來看，由戴著凶惡的鬼面具，主持大儺之儀的方相，演變出驅鬼逐疫的大鬼鍾馗，也就是順理成章，很自然的事了。如前所述，方相後來又被當作開路神君，也是這個道理。而神異經東南荒經所載的尺郭食鬼的故事，更可能是最早由頭戴方相或魌頭以驅鬼的事實所衍生出來的故事，故事云：「東南方有人焉，周行天下，身長七丈，腹圍如其長，頭戴雞父魌頭，朱衣縞帶，以赤蛇繞額，尾合於頭，不飲不食，朝吞惡鬼三千，暮吞三百，此人以鬼爲飯，以露爲漿，名曰尺郭，一名食邪，道師云吞邪鬼，一名赤黃父，今世有黃父鬼。」（註一一六）。

由作爲喪儀先驅的方相轉變出開路神君，由頭戴方相、魌頭的驅疫儀式衍生出黃父鬼，以及轉化出驅鬼的鍾馗，道理上都是相通的。

鍾馗信仰的來源既已淸楚，最後要討論的問題就是：這個由方相演變而來的驅鬼神靈，爲什麼叫做鍾馗？要解釋這個問題，得又回到終葵——鍾葵——鍾馗的討論。

由本篇第二章的考證，我們知道，在南北朝時代，鍾馗被認爲和辟邪有關並被取爲人名的事實已經存在，而其取意的來源則可能是來自終葵——椎，以現在的話來說就是槌子。以現在所能看到的資料而言，方相驅疫逐鬼只是「執戈揚盾」，並沒說到槌子，而顧炎武引證的馬融廣成頌「翬終葵，揚關斧」所說的也不是驅疫鬼之事，何以後來驅疫逐鬼的神靈會以鍾馗爲名？

我們認爲雖然文獻上並無直接記載方相以槌擊鬼的事，但是槌子被當作逐鬼的法器是可能的，張衡東京賦「斬倭蛇，腦方良。」薛綜註：「腦，陷其頭也。」是說打破方良的頭的意思（註一一七）。要打破方良之頭，所用的當然是槌一類的重器，所以說鍾馗辟邪之取意，來自鍾葵，終葵（槌子），仍是很可能的。

總之，鍾馗既早被認爲和辟邪有關，而且被當作人名，不論其由來如何，驅疫逐鬼與辟邪本就是性質相同的事，因此，鍾馗之名與年終驅疫的習俗相結合也就很自然。鍾馗的信仰本是「大儺遺意」

，而其信仰的主體角色之會以「鍾馗」爲名，則是由於「鍾馗」與「辟邪」的相干，經由上面的分析，便可清楚無遺。

另外，由本章第二節的分析，我們可以看出，鍾馗信仰的風行，正始於大儺開始式微的唐代，其後歷經演變，大儺卽漸漸衰微，終至於完全消失，而爲鍾馗信仰所取代。由這一點來看，也可確定鍾馗的信仰實際來自大儺，因其來自大儺，性質與大儺相同，所以才能代替大儺而風行。

解開了鍾馗信仰的來源之謎，便算是了解了鍾馗神話的原面目，但是一個神話形成之後，它的故事內容卻往往會隨著時代的變遷而有所改變或增益，所以後來從鍾馗身上又附會出了小妹。鍾馗小妹雖與鍾馗神話的研究不甚相干，但是，既然有此說法，我們便不得不附帶一提。

夢溪筆談、天中記等所載的鍾馗神話，並沒有提及鍾馗小妹的事，在劉禹錫等人的謝賜鍾馗曆日表中，也沒有小妹的影子。由此可以知道，在唐朝初時流行的鍾馗神話，是沒有所謂的鍾馗小妹的。

鍾馗小妹的附會確實起於何時已不可考，但是，可以確定的是在北宋時期，這種傳說卽已相當普遍。前引東京夢華錄等書除夕條中都有「裝鍾馗、小妹」的記載，可以爲證。而其傳說的來源，則可以上溯至五代十國，甚且更早的時候。據宣和畫譜，曾爲南唐後主李煜朝翰林待詔的北宋初年人物畫家周文矩，就曾經畫有鍾馗氏小妹圖。而他所畫的鍾馗氏小妹圖至宣和年間存於宮中的尚有五幅之多（註一一八），如果不是當時「小妹」的故事已經普遍流傳，成爲一個有趣的題材，周氏當不會以之爲專題而作如此多之畫。

宋朝趙叔向的肯綮錄有「鍾馗小妹」云：「今人家歲首貼鍾馗于門……沈存中筆談乃謂不知起自何時，皇祐中，金陵發一家，有石誌，乃宋宗慤母鄭夫人，云有妹鍾馗，便謂鍾馗之設亦遠。且明皇病中之夢何足憑信，鄭夫人之妹偶有此名耳，未必便爲擒鬼者。今人家擧動相效，何止此一事。但今人畫鍾馗，又畫一女子于旁，謂之鍾馗小妹，其訛至此。」（註一一九）。趙氏的這一段考據並不重要，但是這一資料卻說明了鍾馗小妹的傳說在當時流行的情形。

鍾馗小妹的附會，我們同意趙翼的說法，趙翼在他的陔餘叢考中說：「宗慤妹名鍾葵，後世因又有鍾馗嫁妹圖，但葵、馗兩字異耳。」（註一二〇）。也就是說，鍾馗小妹是由宗慤的妹妹名叫鍾葵所聯想而來的。由此也可反證，驅疫逐邪的鍾馗得名的由來，確實與「鍾葵」「終葵」有關。

大儺之儀本是嚴肅的除疫驅鬼儀式，後來旣漸演變成充滿熱鬧氣氛的年節慶典，轉化出鍾馗信仰之後，更成爲輕鬆熱鬧的年節行事之一，如跳鍾馗卽是。鍾馗的形象旣不若以前的方相之嚴重，再加上一個小妹的傳說，這個本爲大鬼的神靈，在人們心目中的感覺便更覺親近了一層。形狀雖然醜惡，卻透著幾分親切，正是人們心目中的鍾馗。

✣ ✣ ✣ ✣

爲配合本節有關鍾馗造型爲方相轉化而來的說明，玆將近世出土墓葬方相圖數幅及世人所習見的鍾馗圖像附錄於後：

附圖㈠營城子方相圖

附圖㈡北魏墓誌邊緣裝飾畫方相圖

附圖㈢隋代石棺裝飾畫方相圖

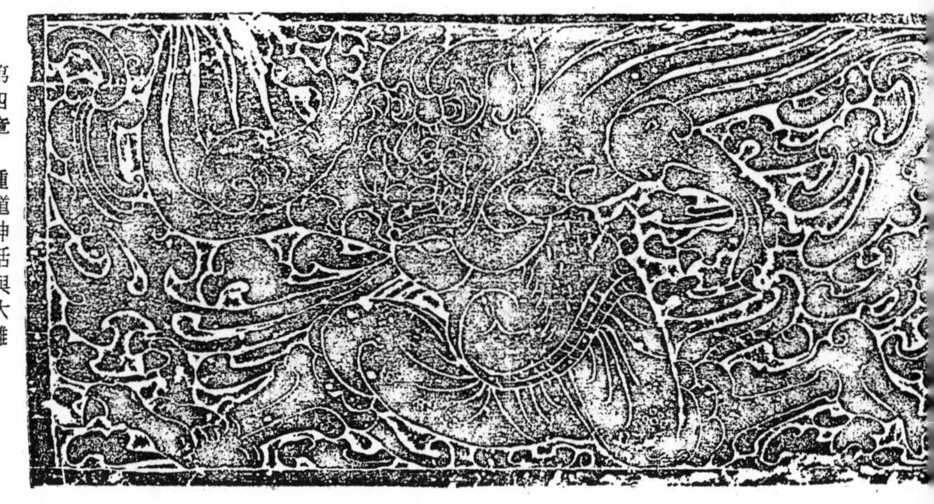

附圖㈣北魏洛陽墓誌邊緣裝飾畫方相圖，上下兩幅姿態不同。

附圖一、二、三採自楊景鸘方相氏與大儺一文頁一三九。附圖四由夏威夷大學馬幼垣教授提供，採自王子雲中國古代石刻畫選集。

另外，孫作雲先生首先曾認爲方相氏所戴之黃金四目假面乃饕餮之變形，由蚩尤之神話而來，後來更直接指稱方相氏即是蚩尤之轉化。然今所出土之蚩尤像皆附「五兵」，與方相實有不同，柏德先生已曾提出疑難（註一二一），爲便於比較，亦附近世出土蚩尤圖一幅如下。

附圖(五)公元二、三世紀山東沂南墓壁浮雕蚩尤圖

附圖五採自柏德先生古代中國節日（Festival in Classical China）一書頁一一三。

Fig. 2　Ch'ih-yu, the God of War
He is possibly a Fang-hsiang-shih as well.
Tomb wall-relief, Yi-nan, Shantung, late ii/iii cent. A.D.
From Tseng Chao-yü *et al.*, *Report on the Excavation of the Ancient Sculptured Stone Tomb at Yi-nan* (in Chinese; 1956), Plate 33.

附圖㈥鍾馗圖

附圖六採自格魯特（De Groot）中國宗教體系一書。後世的鍾馗圖又常附有蝙蝠，是因「蝠」與「福」諧音，取其「辟邪降福」之意。

註釋

一　吳自牧，夢粱錄，收於東京夢華錄（外四種）中，古亭書屋，民國六十四年八月台一版，頁一八一。

二　顧祿，前引書，卷十二，葉一下。

三　論語，何晏集解，邢昺疏，藝文印書館十三經註疏本，民國五十四年六月三版，頁九十。

四　禮記，鄭玄註，孔穎達疏，藝文十三經註疏本版，頁四八八。

五　周禮，鄭玄註，賈公彥疏，藝文十三經註疏本，頁四七五。

六　禮記，藝文版，頁三〇二―三四七。

七　呂氏春秋，許維遹集釋，鼎文書局，民國六十六年三月初版，頁一三五，三一四，四五〇。

八　淮南鴻烈，劉文典集解，商務印書館，民國六十三年一月台二版，卷五，葉五下，葉十一下，葉十六下。

九　禮記，藝文版，頁三〇五。

一〇　前引書，頁三四七。

一一　呂氏春秋，鼎文版，頁四五〇。

一二　See J. G. Frazer, Ibid, PP 643 — 645.

一三　禮記，藝文版，頁三二六。

一四　周禮，藝文版，頁四七五。

一五　蔡邕，月令問答，收於五朝小說大觀中，廣文書局，民國六十八年五月初版，頁六六七。

一六　楊景鷸，方相氏與大儺，中央研究院史語所集刊第三十一本，民國四十九年十二月出版，頁一三八—一四一。楊氏所引姜亮夫「儺考」一文，見民族二卷十期，民國二十三年出版。儺考一文筆者未能獲讀。

一七　禮記，藝文版，頁三四七。

一八　魏徵等撰，隋書，鼎文書局，民國六十四年三月初版，頁一六九。

一九　楊景鷸前引文頁一四九所引。

二〇　呂氏春秋，鼎文版，頁一三五—一三六。依高誘註的解釋，則「索室」的「索」當作「搜索」之意。然而美國的漢學家柏德先生（Derk Bodde）則引證日本、高棉等地驅疫的習俗，他們用繩索來隔開疫病的受害者與邪魅，使受害者免受侵襲，因而認為「索室」的「索」也應當是「用索將屋宇與惡鬼隔開」，以保護該屋之意。這種說法也很有道理。

See, Derk Bodde, Festival in Classical China, Princeton Univ., 1975, P. 78, P. 130.

二一　禮記，藝文版，頁三〇五。

二二　周禮，藝文版，頁四七五。

二三　江紹源，中國古代旅行之研究，商務印書館，民國五十九年五月台二版，頁四十四。

二四　范曄，後漢書，鼎文書局，民國六十六年九月出版，頁三一二七—三一二八。

二五　John J. Collins, Primitive Religion, Littlefield, Adams & Co., New Jersey, 1978. PP. 39—41.

二六　馬凌諾斯基認爲巫術效力的信仰和下述三個基本要素有密切關聯：一、利用音響效果。二、使用語言以祈禱、申述，或強求某種預期目的。三、神話的暗示性，即對傳授該項巫術的祖先及文化英雄尋求指點。

見馬凌諾斯基著，朱岑樓譯，前引書，頁五二—五三。

二七　馬凌諾斯基著，朱岑樓譯，前引書，頁五〇。

二八　周禮，藝文版，頁四三二。

二九　左傳，孔穎達疏，藝文印書館十三經註疏本，頁一九三。

三〇　Ref. J. G. Frazer, Ibid, PP. 634—650.

三一　關於強梁與窮奇的考證。

參看：Derk Bodde, Ibid, PP. 88—90.

三二　文選，藝文印書館，民國五十六年十月五版，頁六十四。

三三　Derk Bodde, Ibid, PP. 85－111.

三四　范曄，前引書，頁四二四。

三五　魏收，魏書，鼎文書局，民國六十四年九月初版，頁二八一〇。

三六　魏徵等撰，前引書，頁一六八－一六九。

三七　歐陽修、宋祁等撰，新唐書，鼎文書局，民國六十五年十月初版，頁三九二－三九三。

三八　宋綬、宋敏求，宋大詔令集，鼎文書局，民國六十一年九月初版，頁四三七－四七〇。

三九　孟元老，東京夢華錄，收於東京夢華錄（外四種）中，頁六二〇。

四〇　吳自牧，前引書，頁一八一－一八二。

四一　周密，武林舊事，收於東京夢華錄（外四種）中，頁三八三。

四二　謝肇淛，五雜俎，新興書局，民國六十年五月出版，頁一二九。

四三　顧祿，前引書，卷十二，葉一上－葉一下。

四四　楊景鸛，前引文頁一五〇－一五三引證中華全國風俗志壽春歲時紀：「鄉人擊鼓扮神，神曰金剛力士，舞流星以逐疫。」湘西苗族調查報告：「他們以洪水故事中的兄妹二人爲儺神，稱之爲儺公儺母。」及清顧景星白茅堂集卷二十四鄉儺詩：「春社作已畢，土風尙儺驅：：中坐天寶帝，左右雙明姝。太尉復何人，題額黃金塗。鳳胄雷將軍，位與睢陽俱。：：：」等等明代以後的所謂的驅疫或「儺」其實都已與宋代以前的所謂儺，形式上及所奉的神靈皆大有不同。

四五　梁書、南史的曹景宗傳都無提及「野雲戲」之稱。梁書謂景宗「爲人嗜酒好樂，臘月於宅中，使作野虖逐除，遍往人家乞酒食。本以爲戲，而部下多剽輕，因弄人婦女，奪人財貨。」見鼎文版，梁書，民國六十四年一月台一版，頁一八一。南史除「野虖」作「邪呼」之外，文字大體相同，見鼎文版，南史，民國六十五年十一月初版，頁一三五七。雖然如此，但當時人以遊戲態度看大儺則是事實。

四六　張君房，雲笈七籤，自由出版社，民國六十七年十二月三版，頁一三七二。

四七　王充，論衡（標點本），學人月刊雜誌社，民國六十年一月出版，卷十六，頁三。

四八　前引書，卷二十二，頁一七。

四九　衛宏漢舊儀（及漢舊儀補遺），孫星衍校，及伏侯古今註，與蔡邕獨斷三者合爲一册，商務印書館叢書集成簡編，民國五四年十二月台一版，神荼、鬱壘故事見漢舊儀補遺頁三三。獨斷頁十一。應劭，風俗通義，世界書局，民國六十四年七月再版，頁二三〇。漢舊儀（補遺）及論衡皆引「山海經曰」，然今本山海經無此文，當爲山海經佚文。

五〇　陳夢家，商代的神話與巫術，燕京學報，第二十期，頁五六一。

五一　同前。

五二　楊景鶴，前引文頁一四四—一四五。

五三　段玉裁注，說文解字，藝文印書館，民國五十四年十月十版，頁三七二。

五四　Paul K. Benedict, Semantic differentiation in Indo-Chinese: Old Chinese lap and na, Harvard Journal of Asiatic Studies, 4,（1939）, PP. 227－229.

五五　Edward H. Schafer, Ritual exposure in ancient China, Harvard Journal of Asiatic Studies, 14（1951）,P. 133 n.9.

五六　楊景鷫，前引文頁一四二所引。引自常任俠之「關於我國音樂舞蹈與戲劇起源的一考察」，收於「中國古典藝典」（一九五四）一書中。常氏該文筆者未能獲讀。

五七　胇胃食虎的「虎」，柏德先生認爲應當是「瘧」字的錯誤，See, Derk Bodde, Ibid, PP. 96－97. 筆者認爲「虎」字當是誤字，但未能確定爲何字之誤。知「虎」爲誤字者，以虎原亦被認爲能食鬼魅者，不當爲凶二凶之一。風俗通義卷八：「虎者陽物，百獸之長也，能執搏挫銳，噬食鬼魅，今人卒得惡遇，燒悟虎皮飲之，擊其爪，亦能辟惡，此其驗也。」見前引世界書局本頁二三二－二三三。而十二神十二凶大都不是惡獸則見柏德先生所考。See Derk Bodde, Idid PP. 86－101.

五八　人類學家巴瑞（Weston La Barre）基於同樣的理論，認爲在 Trois Freres 洞穴壁上舊石器時代的獸形畫像，不是代表什麼百獸之神的神靈顯現，而是人著獸皮，裝扮成他們心目中的神的形象。See, Weston La Barre, The Ghost Dance - Origins of religion, Dell Publishing Co. Inc., 1972, P.388.

五九　Ref. A. E. Crawley, Processions and Dances, in Encyclopedia of Religion and Ethics, ed. by James Hastings, published by Charles Scribners Sons, New

York, 1955, PP. 356 — 362.

六〇 楊景鷸前引文，頁一四二—一四三所引。楊氏引述葛蘭言之說時，曾譯其中國文化書中頁一九七—一九八一段：「秋收完畢後，農夫們在一起消磨休息季，村中的屋舍屬於婦女們，即使她們是媳婦的身份。但男子們擁有一幢公共房屋，儀典仍舊使人發起那一些事，即它們指定在妻子分娩時丈夫必須避居於此。……當他們在那閒散的長期聚居中，農夫們常舉行宴會，從這裡產生了古代的典禮，大儺和八蜡，一以迎休息季，一以送休息季，時間在兩農年的交替時，兩者都接近至日。漸漸地這些儀式枯燥而系統化，並附上天文日期，遂失去其聚集性及根本意義，開始時它們就是有關聯的節日，在霜降期間，它們是冬季祀典中的兩件大事。」至於葛蘭言的中國舞蹈與傳說一書，李璜先生的法國漢學論集中曾有簡介，題爲「中國的跳舞和神秘故事」，該簡介江紹源先生曾評爲「不甚滿意的提要」，見江氏前引書頁九。因筆者不諳法文，故只能參閱先進學者之論述。

六一 楊景鷸，前引文，頁一四三。

六二 J. G. Frazer, Ibid, PP. 633 — 664.

六三 Derk Bodde, Ibid, P.80. n. 22.

六四 Ibid, PP. 77 — 78.

六五 Joseph Needham, Science and Civilisation in China, 台北北一出版社，民國六十年十一月翻印本，Vol. II, P. 133.

六六　司馬遷，史記，鼎文書局，民國六十六年十月三版，頁一三六七—一三六九。
六七　Joseph Needham, Ibid., P. 133.
六八　J. G. Frazer, Ibid, PP. 585 — 600.
六九　見太平御覽卷九〇八獸部熊類所引。
七〇　御覽熊類雖引有孝經援神契：「赤熊見則姦宄自遠。」的說法，但是這與東北亞民族對熊的崇拜並無特別的關聯。而且曰「赤熊」，乃爲特定之類。
七一　通志堂經解所收王與之周禮訂義卷五十一葉二十四引鄭鍔曰：「熊之爲物，猛而有威，百獸畏之，蒙熊皮，所以爲威也。」所說亦是此意。通志堂經解，漢京文化事業有限公司，民國六十八年十二月印行。所引見總頁一六二二八。
七二　宗懍，荊楚歲時記，中華書局四部備要本，葉十下。
七三　楊堃，竈神考，漢學第一輯，民國三十三年出版，頁一五〇—一五一。
七四　John J. Collins, Ibid, PP. 107 — 109.
七五　王先謙，釋名疏證補，商務印書館，民國五十七年六月台一版，頁四八。
七六　王充，論衡（標點本），卷二十五，頁八。
七七　我們古代的人認爲除山精、水魅、物怪等無處不在的邪魅能爲禍於人之外，人死後的鬼魂若不得安頓，也能爲厲傷人。太平御覽卷八百八十三至八百八十六鬼、怪、精等部列舉古書所載厲鬼、精怪害人之資料頗多。此外，更有專門行疫人間的疫鬼，如論衡此處所述者即是，漢舊儀、獨斷、搜神記等皆有與論衡類似的記載，茲不具引。又原始社會的人們認爲邪魅精性無所不在的觀念，參考：J. G. Frazer, Ibid, PP. 633 — 634.

七八 J. G. Frazer, Ibid, PP. 644 — 638.

七九 Ibid, PP. 638 — 650.

八〇 馬凌諾斯基著，朱岑樓譯，前引書，頁五四，頁六〇。

八一 前引書，頁六五。

八二 楊堃，前引文，頁一五一。

八三 呂氏春秋，鼎文版，頁一三六。

八四 段玉裁注，說文解字，藝文版，頁四四〇。

八五 予向，釋儺（古印談之一），收於中和月刊論文選集，台聯國風出版社，民國六十三年九月出版，第一輯，頁八四。

八六 驅疫者戴可怕的面具，參考A. E. Crawley, Mask, in James Hastings ed. Ibid, P. 484. 及J. G. Frazer, Ibid. P. 635 — 641.
清稗類鈔時令類，西藏歲時紀略，載西藏二月二十九日送瘟神亦云：「有花衣黑帽者十數人，帽各揷鬼頭，衣之前後，悉繡鬼形……與一戴鬼頭之法師對坐。」也是戴面具的。見徐珂，清稗類鈔，商務印書舘，民國五十五年六月台一版，時令類，頁一四。

八七　俞樾，群經平議，收於俞樾劄記五種第一冊，世界書局，民國五十二年四月出版，卷十三，葉七上下。

八八　江紹源，前引書，頁五二。

八九　楊景鶴，前引文，頁一二五—一二六。

九〇　段成式，酉陽雜俎，學生書局，民國六十四年一月出版，頁七十。

九一　李時珍，本草綱目，鼎文書局，民國六十二年九月初版，頁一五九六。

九二　周密，癸辛雜識，西南書局，民國六十二年三月再版，前集，葉十六下。

九三　高承，事物紀原卷八「畫𩴵」條云：「酉陽雜俎曰，俗好於門上畫虎頭，書𩴵字，謂陰府鬼神之名，可息瘧癘也。段成式讀漢儀說，儺逐疫鬼，立桃人葦索蒼耳虎頭等，𩴵蓋蒼耳也。然則其說漢事也。張續宣室志曰，裴漸隱居伊水，時有道士李君善視鬼，嘗見漸於伊上，大歷中，寄書博陵崔公曰，當今制鬼，無過漸耳。是時朝士咸書漸耳字題其門。自此始，蓋𩴵謂裴漸，耳本助辭，後人因李君之書，誤作一字也。」然辭海釋此字則又引正字通云：「舊註音積，相傳人死爲鬼，鬼死爲𩴵若篆書此字於門旁，百鬼遠離，其說未知所出。」聊齋志異卷五章阿端篇：「鬼之畏𩴵，猶人之畏鬼也。」

九四　范曄，前引書，頁三一四四。

九五　楊景鶴前引文，頁一三九—一四〇附有近世出土古代墓葬方相圖多幅。

九六　江紹源，前引書頁五二。

九七　張君房，前引書，頁一三七四。

九八　三教源流搜神大全卷七，葉二十一下。

九九　李昉等修，太平御覽，平平出版社，民國六十四年六月初版，頁二八七三。

一〇〇　段成式，前引書，頁七十。

一〇一　孫楷第，傀儡戲考原，漢學第一輯，民國三十三年出版，頁八六。

一〇二　楊景鷫，前引文，頁一五五〇。

一〇三　王先謙，荀子集解，整文印書館，民國五十六年七月再版，頁一〇八。

一〇四　淮南鴻烈，商務版，卷七頁八。

一〇五　孫詒讓周禮正義卷五九云：「黃金四目者，鑄黃金爲目者四，綴之面間，若後世假面也。」商務印書館，民國五十四年十一月台一版，平裝本，第十七冊，頁五五。

一〇六　江紹源，前引文，頁一一三—一一四。

一〇七　楊景鷫，前引文，頁一三八。

一〇八　新校搜神記，世界書局，民國六十四年五月四版，頁七三。

一〇九　隋書，頁一五五—一五六。

一一〇　Derk Bodde, Ibid, PP. 79 — 80.

一一一　前引王與之周禮訂義卷五十一，葉二十四所引之文。

一一二　Derk Bodde, Idid, PP. 79 — 80.

一一三　馮夢龍，古今譚概，明闔門葉昆池印，影印本。

一一四　Ref. J. G. Frazer, Ibid, PP. 106 — 108.

一一五　Joseph Campbell, The mask of God - primitive mythology, Penguin Books, 1978, P. 21.

一一六　神異經，收於五朝小說大觀中，廣文書局，民國六十八年五月出版，頁四四八—四四九。

一一七　靈力（Mana）的觀念起源很古，而原始人往往認爲人的靈力主要藏在頭腦裡面，所以食人族或原始社會的人，就常常以重器敲擊敵人或受害者的頭骨而食其腦，認爲藉此自身可獲得其靈力。前引本草綱目認爲方相腦可當藥用，以及此所謂的「腦方良」，可能都還是這種觀念遺留的影子，而不只因爲方相能辟邪，而擊方良腦可致方良於死命而已。以重器擊頭，當然得用椎子或石頭一類的東西。參考Weston La Barre, Ibid, PP. 404 — 405.

一一八　撰人未詳，宣和畫譜，商務版，頁一八六—一八七。

一一九　趙叔向，肯綮錄，收於學海類編中，文海出版社，民國五十三年八月出版，引文見類編總頁四七〇七。

一二〇　趙翼，陔餘叢考，華世出版社，頁四〇六。

一二一　參看孫作雲，饕餮考，收於中和月刊論文選集，台聯國風出版社，民國六三年九月，第二集，頁六九—七二。及Derk Bodde, Ibid, PP. 120 — 126.

第三篇　鍾馗小說之研究——鍾馗全傳與斬鬼傳、平鬼傳。

第一章　鍾馗全傳——鍾馗神話故事的擴充

第一節　版本與出版年代

鍾馗信仰來自大儺，已如前篇所述。大儺的舉行本就是有化裝、音樂與舞蹈的遊行行列，充滿了喧騰熱鬧的氣氛，更充滿了戲劇性。由大儺轉化出來的鍾馗信仰，不論是將鍾馗當作驅儺的神靈之一，如前篇所引東京夢華錄等所載的情形，或是後來單獨舉行的跳鍾馗儀式，同樣的，都將鍾馗裝扮成一個十足戲劇化的角色。而在鍾馗神話裡，更將鍾馗說成是一位懷才不遇，受寃屈的歷史人物，一位十分人格化的神。因此，鍾馗在人們心目中久已是一個有具體的形象可以把握，十分親切的神靈。

這麼一個爲人們所親狎、熟習，而在人們的心目中又是容貌特別，生前曾受寃曲的神靈，當然是戲劇工作者與小說家模寫取材的好對象。早在北宋時期，模仿扮演鍾馗的戲，卽已流行，當時表演所著重的，是鍾馗驅鬼的熱鬧場面。東京夢華錄卷七：「駕登寶津樓諸軍呈百戲」一條云：「忽作一聲如霹靂，謂之『爆仗』，則蠻牌者引退，烟火大起，有假面披髮，口吐狼牙烟火，如鬼神狀者上場，着青帖金花短後之衣，帖金皀袴，跣足，攜大銅鑼隨身，步舞而進退，謂之『抱鑼』。遶場數遭，或就地放烟火之類。又一聲爆仗，樂部動拜新月慢曲，有面塗青碌，戴面具金睛，飾以豹皮錦綉看帶之類，謂之『硬鬼』。或執刀斧，或執杵棒之類，作脚步蘸立，爲驅捉視聽之狀。又爆仗一聲，有假面長髯，展裹綠袍鞾簡，如鍾馗像者，傍一人以小鑼相招和舞步，謂之『舞伴』。繼有二三瘦瘠，以粉塗身，金睛白面，如髑髏狀，繫錦綉圍肚看帶，手執軟仗，各作魁諧趨蹌，舉止若排戲，謂之『啞雜劇』。」（註一）

自明代以來，通俗戲劇與小說一風行，敷衍鍾馗神話故事的小說與戲劇，便相繼而起。以現在所能看到的資料來說，描述鍾馗故事的戲劇尚有二種，一爲明代的「慶豐年五鬼鬧鍾馗」，一爲流行於清代的「鍾馗嫁妹」。前者爲雜劇，題目「賀新正喜賞三陽宴」，正名「慶豐年五鬼鬧鍾馗」，爲宮中歲首供奉的吉祥戲。後者爲崑曲，敷衍鍾馗成神及嫁妹的故事，劇情較前者更爲熱鬧複雜。二者對於鍾馗的出身及死後成神的經過，各有不同的敍述，但都是根據原來的鍾馗神話架構而增添敷演，不脫神話的本色，在前篇中已有論略，因戲曲非本文論旨所在，所以不再詳述，但篇中論述鍾馗小說時，於情節相應處則引爲參證。

而敍述鍾馗故事的通俗小說則有三種，即出版於明代的「鍾馗全傳」及清朝康熙、乾隆年間所寫的「斬鬼傳」與「平鬼傳」。這三部小說可以分爲二類，「鍾馗全傳」係就鍾馗神話加以擴充敷衍而成的神話故事，而「斬鬼傳」及「平鬼傳」則是藉鍾馗殺鬼的故事而寫成的諷世小說。孫楷第在他的中國通俗小說書目一書中，將三種同列於明清小說部乙之諷諭類諷刺部（註二），這是由於未曾獲讀「鍾馗全傳」所引起的誤解。若照他編目分類的標準而言，「鍾馗全傳」應當歸於「靈怪類」。

這三部以鍾馗爲中心人物的通俗小說，在中國小說發展史上各有其不同的意義與重要性，外人也已有專門研究，著成專書者（註三），但在國內卻並沒受到充分的重視，因此筆者在論述鍾馗神話源流的同時，即計劃將有關鍾馗的這三部小說一併加以探討，希望一方面能與鍾馗神話的研究收相輔相成之效，一方面更希望能藉此而確定這三部小說各自的意義與在小說史上的地位。本章即先從「鍾馗全傳」談起。因本書流傳於世者，僅藏於日本內閣文庫之一部，原本國內學者見之者少，所以本節先介紹其版本，然後確定其出版年代。

孫楷第因未能獲見該書，所以在他的中國通俗小說書目中提及該書時僅記「明刋本，明人撰，題『安正堂補正』」幾個字而已，沒有再加以任何的說明。該書僅存惟一刋本，現藏日本內閣文庫，今以微卷複印而成之全本爲據，略述其版式如下：該書封面葉已脫缺，每頁上圖下文，形式略如早期之元刋本平話五種。正文每頁十行，每行十七字，正文寫刻，版面尙稱清晰。

全書共四卷，不分回，然有明顯的段落起訖，於每一段落之前多半有單句的標目，只有少數段落無標目。每一段落的故事終結時，通常以「未知如何，且聽下回分解」爲結束，然後再以一首七絕作結，如一般的章回小說。

這種刻書的版式及分卷分段的編寫方式，伊維德先生（W. L. Idema）已曾指出，與十六世紀末所出版的承運傳大致相同（註四）。達布里治先生（Glen Dudbridge）更指出今存萬曆年間福建建陽所刻的一些通俗小說，如鍾馗全傳，承運傳，牛郎織女傳，玄帝出身傳，華光天王傳，達摩出身傳燈傳，上洞八仙傳，唐三藏西遊釋厄傳，廿四尊得道羅漢傳，皇明諸司公案傳，明鏡公案傳，詳情公案，三藏出身傳等十三種，上圖下文的版式及行欵字數，分卷不分回等種種形式，大體上都相類似。而且其中的鍾馗全傳，牛郎織女傳，玄帝出身傳，華光天王傳，達摩出身傳燈傳，上洞八仙傳，唐三藏西遊釋厄傳，廿四尊得道羅漢傳，三藏出身傳等，更都是描述神仙聖徒的小說，可以說是屬於同一類型的作品。因此，這些作品即使不是萬曆年間的作品，也應當是當時建陽地區的出版家所樂於出版的小說（註五）。

鍾馗全傳的作者已不可考，今傳的本子但題「書林安正堂補正，後街劉雙松梓行」，並無作者之名。所謂的「補正」，就已說明了它不是最初的原刋本。查今所存明本通俗小說，題「安正堂」或「劉雙松」出版者，皆僅見於此一部，並無其他的資料可爲旁證，但是由伊維德先生、達布里治先生的指證，鍾馗全傳的刋刻方式既與萬曆年間建陽地區所刋的其他各種小說相似，則該書當亦可能是萬曆年間建陽所出版（註六）。

若依近人鄭西諦的考證，就通俗小說分章分回的發展歷史而言，小說的分回與回目的對偶，是嘉靖以後的事（註七），而萬曆以後的風格特徵更是以白話爲大宗，回目對仗齊整。這些特點若都是確切不移，沒有例外的話，那麼今本的鍾馗全傳雖然可能是萬曆年間所出版，但其原本的寫作出版卻可能更早一些。

但是，鄭氏所謂的通俗小說自嘉靖以後開始有了分回與回目對仗，卻並不等於說從此以後所有通俗小說的寫作編排都是如此，前引達布里治先生所列的十三種小說，就有許多是萬曆年間的作品，這些作品不只不分回，而且也多半是用淺俗的文言寫成。萬曆年間寫作，也是建陽出版的鄧志謨的鐵樹記，飛劍記、咒棗記等，雖然有了分回，但文字也都是淺俗的文言文。由這些事實來看，則萬曆年間建陽地區寫作出版的一些通俗小說，仍然多的是不分回，或者雖然分章分回，卻仍然以淺俗的文言寫作。由這些特點來說，則鍾馗全傳之不分回，並且用淺俗的文言寫作，卻仍可能爲萬曆年間建陽地區的作者所編寫而成。

另外，由內容來說，也可證明本書的寫作年代不可能很早。本書第四卷的「對證盆寃」一則故事，就是包公案中的「烏盆子」故事。包公審烏盆的故事，在通俗文學中流傳甚廣，以現存的資料來說，敍述這故事的，以元代無名氏雜劇「玎玎璫璫盆兒鬼」一劇爲最早。在這劇裡，被害者有二人，即楊文用和他的結義兄弟趙客，殺害他們的是盆罐趙和他的妻子撇枝綉，買去烏盆，替楊文用的寃魂上告的是張撇古。在這劇裡也有鍾馗的出現，但鍾馗的出現是擋住寃鬼，不讓他進包公衙門的門神，與本書的「對證」，作爲犯罪現場的目擊者稍有不同（註八）。

其次則是新發現的明成化年間的說唱詞話「包龍圖斷歪烏盆傳」。在這一篇詞話故事裡，被害者爲舉子楊宗富，殺害楊宗富，謀財又害命的則是耿一、耿二兄弟。代烏盆寃魂告官的則爲潘成。在這篇故事裡，並沒有鍾馗的出現（註九）。

最後則是廣爲流傳的龍圖公案裡的「烏盆子」。在烏盆子這篇小說裡，被害者爲富商李浩，謀害李浩者爲丁千、丁萬，代烏盆告官的爲王老，在這篇故事裡也沒有鍾馗的出現（註一〇）。而本書鍾馗全傳中「對證盆寃」一則，被害者正叫做李浩，害死李浩的也叫丁千丁萬，代瓦盆伸寃的也叫王老，不過多了一段鍾馗顯靈，與包公「對證盆寃」而已。

由烏盆子故事的發展來說，鍾馗全傳中「對證盆寃」的故事或許有著受「玎玎璫璫盆兒鬼」一劇直接影響的影子，因爲在這一系列的烏盆子故事中，只有該劇中有鍾馗的出現。但是，就其人名的選用及故事的描述手法來說，「對證盆寃」一則，除了「鍾馗」的「對證」這一場景的安排以外，却與龍圖公案的烏盆子故事大相雷同，因此，更可能的是來自龍圖公案。如果「對證盆寃」是來自龍圖公案，則鍾馗全傳的成書便不可能太早。據馬幼垣先生的考證，現存最早的可能爲龍圖公案前身的本子，也只是萬曆年間刋本（註一一）。卽使現存刋本的最早年代，並不代表可能有過的龍圖公案刋本的最早上限，但是，萬曆以後，公案小說才大行其道的事實（註一二），卻也爲我們說明了，卽使龍圖公案可能有更早的刋本，也不會離此太遠。若「對證盆寃」一則來自龍圖公案，則鍾馗全傳的成書，便很可能是萬曆年間或甚且以後的作品。

或許有人會認爲「對證盆寃」的故事、人物與龍圖公案「烏盆子」一篇的雷同，也有可能是「烏盆子」抄襲「對證盆寃」而來。但是我們認爲這種情形較不可能，因爲龍圖公案的形成與集結，自有其淵源（註一三），烏盆子的故事更明顯的是自元代雜劇以來的有名包公故事，雖然我們未能找出這故事裡的人物由楊文用、楊宗富等變成李浩等的理由，但是，若說是因爲鍾馗全傳的「對證盆寃」一則先有了改變，然後龍圖公案再取之爲故事的一篇，無論如何，卻比較說不過去。最可能的情形是龍圖公案的小說漸次形成之後，鍾馗全傳的編者，取了龍圖公案中的這則故事，再加上鍾馗「對證」的情節。因爲龍圖公案中多的是神奇的靈怪故事，若說公案的編者自鍾馗全傳選取了「對證盆寃」的故事，然後刪掉其中鍾馗「對證」的一段，是不大可能的。按照民間文學發展的路向來說，一個故事的形成是逐漸往複雜的方向走，而不會越來越簡單的。

由鍾馗全傳和諸多萬曆年間建陽刋本通俗小說形式相同的這個外證，以及由「烏盆」這個故事發展的內證來說，我們認爲鍾馗全傳很可能就是萬曆後期建陽地區的編書者所寫的。當然，安正堂補正的這個本子，更可能是當時建陽當地的刋本。

又該書每卷卷首與卷尾所標之題目頗不一致，第一卷卷首題名「鼎鍥全像按鑑唐鍾馗全傳」，卷尾則題「鼎鍥全像按鑑唐書鍾馗斬妖傳」。第二卷卷首題「鼎鍥全像按鑑唐書鍾馗降妖傳」，卷尾題「鼎鍥唐鍾馗斬妖傳」。第三卷卷首題名與第二卷卷首同，卷尾則僅題「鍾馗傳」三字。第四卷卷首題名與第二卷卷首相類，惟少「全像」二字。這些題名的差異混殽，在在顯示了刋刻時的草率。因該書原刻本已不可見，它本來的書名當爲「鍾馗全傳」或「鍾馗降妖傳」、「鍾馗斬妖傳」，已無從考定。由於該書所描述的不僅是鍾馗降妖或斬妖的神話，更是鍾馗自降生以至成神，種種成長與受難過程的傳奇，所以筆者認爲以第一卷卷首的題名作爲該書書名，尙稱恰當，爲行文方便，即簡稱爲「鍾馗全傳。」

據微卷影本所見，該書第三卷第三葉及第四卷十九葉以下俱已脫缺。第四卷所缺者或許也僅爲一葉，因爲原書第一、二、三卷都是二十葉，第四卷原來應當也是二十葉。

第二節　內容大要摘述

因爲鍾馗全傳一書國內久無傳本，一般讀者多半未曾獲讀，所以本節特別先摘述其內容大要，既寓介紹之意，更爲下文詳述之依據。底下即照原書卷第先後，自第一卷敍起。

故事第一卷首先敍述鍾馗家世，及鍾馗之降生。鍾馗父親鍾惠，家世儒業。母親潭氏。父親曾官居顯宦，因年老無子，所以隱居不仕，是一個「視富貴如浮雲，棄軒冕如敝屣」的大丈夫。後來夫婦爲求子嗣，便施捨家財，撫恤貧民，更至西岳華山建醮做功果。不久潭氏即得一夢，「夢見金甲神人手捧紅日，被潭氏搶吞在肚」，從此即懷身孕。懷胎足月，潭氏又夢見香烟五彩，縈繞在身，神人告訴她小兒乃是上界武曲之星，後日必登正果。醒來即生下孩兒，當時「毫光燦爛，紫氣騰騰」。

孩兒生下之後隔日，親族俱來慶賀，忽有白鼠走入潭氏房中，又有神人所化的二位僧人來看小孩，見小孩「面貌奇異，體格非凡」，就說：「兒德所鍾，異日鍾山可治祟乎。」說完，化陣清風而去。鍾惠因爲孩兒是夢呑紅日而生，所以就取名爲鍾馗。及將週歲，鍾惠見鍾馗生得「姿容俊雅，迥別尋常」，異常高興，認爲孩兒以後必能爲「朝廷之股肱，國家之樑棟。」

鍾馗六歲即入學，受業於鄒先生之門，「天資敏捷，穎悟天然。」其才學爲先生所稱羨，諸友所敬服。四年之後返家，父親又命他往余南華先生處求學，仍然「朝乾夕惕，無一時之或懈。」先生說他是「天縱之奇英，士林之翹楚。」處處顯露其不凡。

接着即敍述玉皇大帝試鍊鍾馗之事。玉帝遣一神人化爲美女來書院引誘鍾馗，鍾馗「正色而遠之」，不爲所動，隔日，也不以昨夜引誘之事告之他人。天神即於鍾馗白天讀書之際，托夢顯靈，示其眞實身份給鍾馗，然後上達天庭。玉帝甚爲滿意，說：「此人心存正大，無狐疑假鬼之詐。行事端莊，有金石不渝之操。」「異日令他掌人間之善惡，收天下之妖魔，亦使他名登金榜，聲播遐方。」不久鍾惠患病甚重，鍾馗回家，家中建醮祈保，鍾馗誠心懇禱，願以身代。又作一文禱告於天地，上達天庭，上帝就叫天使取仙丹一粒，化作雲遊道人，下凡救治鍾惠，鍾惠因而痊愈。

鍾惠五十大壽之時，有好友張學士來賀，見鍾馗「雙眉似劍，兩眼員爭，面貌怪異，體格非凡」，而又文才不俗，即以獨生女兒許鍾馗，要求鍾馗入贅。慶壽完畢，鍾馗仍回書院讀書。

第二卷接著又說，鍾馗在書院，玉帝命天使下凡，托夢鍾馗，賜他寶劍與神筆。「人間如有善惡，可以此筆紀之，劍可以除天下之邪魅，可以收天下之虛耗。」當夜，即有附近小妖前來參叩拜伏。不久鍾惠即按禮過娉，張憲要求鍾馗至其家讀書。張憲女兒秀英，「年方二八，國色天姿，詩詞歌賦無不通曉，琴棋書畫件件皆能。」鍾馗在張憲處讀書「心不外搖，口不非言，目不邪視，身不妄動。」一年之後，大比之期已至，鍾馗即拜別張憲夫婦，前往京都應試。一夜，宿於海口，又夢見天使提醒，要他以上帝所賜筆劍行事。

一路上，鍾馗果然以筆劍誅除迷惑過往客商的雉精，久而成精害人的宗祠內石馬，及化身爲妓女殘害人間的鰲精。

然而赴試不中，鍾馗一時昏倒，僕人灌救甦醒之後，鍾馗認爲「功名未就，羞返故園」於是與僕人前往終南山避居苦讀。經過河口地方，又上疏玉帝，請雷神誅除不孝的李克義夫婦。至終南山之後，即修家書二封，一封給自家父母，一封給岳丈張憲，命僕携回，告以暫時不歸之故。

第三卷開始，敍述秀英得知鍾馗不回的消息，「未免有傷春之意，朝夕憂悶，遂成一疾，百醫不治，旬餘而死。」家中即時通知鍾馗，鍾馗在終南山傷心欲絕，「作文一紙，遙空祭拜」，又請山上僧人大做功果，超度秀英。當夜，即夢上帝差金童玉女迎秀英上升天界。

此後原書脫一葉，然由後文敍述得知，即述鍾馗第二次應試，本中頭名，因面貌醜惡奇特，爲皇帝黜落，一氣觸階身亡的事。鍾馗身亡之後，即時受玉帝之命，爲金童玉女引往冥司查核善惡。

鍾惠夫婦得知鍾馗身亡，當時一齊昏悶而死，亦爲上帝差金甲神人引往天界，住於逍遙宮。

接着即是鍾馗往各處地獄巡查之事，所過有刀山地獄、寒冰地獄、鋸解地獄、磨磨地獄、沸油地獄、碓搗地獄、割舌地獄、稱秤地獄。

第四卷開始仍敍鍾馗巡查地獄之事，由木驢地獄，而轉輪十殿。未至轉輪十殿之前的昇仙橋，鍾馗遇見了岳父母張憲夫婦，即告以秀英升天之事，及自己受命查巡冥司之事。

稽查冥司完畢，回轉天宮，與父母、妻子、岳父母相會，一家團圓。上帝因爲他稽查冥司的功勳浩大，所以賜他降妖鐵簡一條，封他爲「掌理陰陽降妖都元帥」，即日起下降凡間，降伏妖魅。鍾馗即拜別父母、岳父母及妻子，往終南山而去。至終南山，托夢於潔空長老，告以受玉帝封賜，來人間掃除妖魅之事。長老於是塑其神像供奉。

接着即敍述鍾馗顯靈的種種神蹟，第一件是誅除勾引良家婦女的山魈的事。第二件即顯靈托夢於玄宗，爲玄宗吃殺虛耗小鬼的事。玄宗醒來病愈，除畫其圖像，督造殿宇供奉之外，並封他爲「護國佑民降妖大元帥」，從此「威靈不昧，顯著萬方」。第三件則是誅除蝙蝠精，第四件、第五件皆是顯靈爲包公作證除奸的事。第四件爲奸殺人命，第五件即烏盆故事。至對證盆冤，全書即告完結。

以上即是按原書敍述順序摘錄的鍾馗全傳內容大要。

第三節　內容的分析與評論

本書既稱鍾馗全傳，所寫的便是以鍾馗生涯爲主的故事，因此本節分析與評論，即專就其所塑造的鍾馗形象而言。

由以上的摘要敍述，我們可以知道，鍾馗全傳是按照鍾馗神話故事加以擴充而成的，作者也循著神話原來的路向，將鍾馗當作一個歷史上的傳奇人物來寫。因爲旣稱爲全傳，首先便不得不將原來鍾馗話話故事中似乎欠缺的生平史料塡滿。但是鍾馗神話久經流傳，他的形象在人們心目中早已定型，除非作者想改變原來神話中的鍾馗形象——一個容貌醜陋，科考不第的擧子，死後顯靈成神——關於鍾馗生平的敍述，便不得不受原來神話故事中所提示的方向所限制。

鍾馗全傳的作者編纂此書的目的，只是要把鍾馗神話說得更活靈活現而已，是絕不會有改變原來鍾馗形象的任何企圖的。這種態度也正是民間故事的編纂者與所謂的文學家的「創作」有所不同的地方。文學創作是儘可以用「舊瓶」裝「新酒」的。

由於歷史上根本就沒有鍾馗這個人，而對於鍾馗成神的來龍去脈又必須符合傳說中鍾馗神話的原來面目，因此，鍾馗全傳的作者爲了方便，就套用了傳統上描述聖賢英豪降生與成長的模式，來塡補神話中所欠缺的鍾馗生平的空白。

我們可以看得出來，全傳的作者爲了塑造一個天生不凡的神人形象，對於這一位奇特的主角的降生，是用了一番心機來安排的。

在傳統的社會裡，不論是正史的記載，或民間的傳說，在談到創業帝王或所謂的英主時，往往會附帶一段神奇的降生的神話，來證明他們的天縱非凡，天命所歸。相沿旣久，這幾乎已經成了定則（註一四）。

除了帝王之外，傳說中有關聖賢英豪、奇人異士、宗教神仙聖徒的降生，也常常是充滿著異象或奇緣。種種降生的神話的產生，無非在於表示這些人之所以異於常人，是其來自自，甚且是生前就已注定的。這或許也是「命由天定」的傳統觀念的表現，這種觀念的背後所暗示的便是：我輩凡夫，天生既無異稟，降生自無異象，平凡庸碌的命運早經天定，也只得安分守己。

歷來有關傑出人物降生神話的記載，當然以野史軼聞或小說筆記爲多，但是正史本身的記載卻也不少，除了創業帝王往往附有降生神話之外，偶而也會提到聖賢豪傑的降生奇緣。譬如號稱雅馴之作的史記，仍不免有此類神話的遺蹟。孔子世家說孔子的降生是因爲叔梁紇與顏氏「禱於尼丘得孔子」，就是這類神話的一種（註一五）。

鍾馗全傳記述的既是民間神話中一位神人的來歷，當然更免不了要爲這位主角安上一段神奇的降生神話。因爲這是所有小說中在描述神人英豪時所習用的常套。我們且以小說證小說，在未談鍾馗全傳的降生神話以前，先隨手拈幾則其他通俗小說書中所述的一些奇人異士、英雄豪傑的降生神話，以爲參證。

古今小說第十三卷張道陵七試趙昇說張道陵：「乃是張子房第八世孫，漢光武皇帝建武十年降生，其母夢見北斗第七星從天墮下，化爲一人，身長丈餘，手中托一丸仙藥，如雞卵大，香氣襲人，其母取而吞之，醒來便覺滿腹火熱，異香滿室，經月不散，從此懷孕。到十月滿足，忽然夜半屋中光明如晝，遂生道陵。」（註一六）。

警世通言第九卷李謫仙醉草嚇蠻書說李白：「其母夢長庚入懷而生，那長庚星又名太白星，所以名字俱用之。」（註一七）。

同書第四十卷旌陽宮鐵樹鎮妖說許遜的母親何氏懷他時的情形：「夜得一夢，夢見一隻金鳳飛降庭前，口內銜珠，墜在何氏掌中，何氏喜而玩之，含于口中，不覺溜下肚子去了，因而有孕。」降生時的情形：「忽到八月十五中秋，其夜天郎氣清，現出一輪明月，皎潔無翳。許員外與何氏玩賞，貪看了一會，不覺二更將盡，三鼓初傳，忽然月華散彩，半空中仙音嘹亮，何氏只一陣腹痛，產下個孩兒，異香滿室，紅光照人。」（註一八）。

西湖佳話的岳墳忠迹一篇說岳飛：「父母生他的時節，夢見一個金甲紅袍，身長丈餘的將軍，走進門大聲道：『吾乃漢朝張翼德也，今暫到汝家。』說畢，即時分娩。」（註一九）。

同書三台夢迹一篇說于謙：「他生的那時節，杭州三年桃李都不開花，及他死的那一年，西湖之水徹底皆乾。」「父親于彥昭生他這一年，又得了吉夢。母親劉氏臨產那一日，又有疾風大雨，電雷交加之異，及生下來，儀容魁偉，聲音響亮。」（註二〇）。

諸如此類的記載，不勝枚舉。在小說中，也可以說在民間的傳統觀念裡，英雄豪傑、奇人異士降生時的種種神奇異徵，與帝王的感生神話道理上都是相通的，這也就是說一個人之有不平凡的一生，往往早在他降生之前即已顯示其特異。

鍾馗當然不是眞實的歷史人物，但是，既然要將他當作小說的主角人物來寫，闡述他不平凡的一生，首先便得從他特出的來歷說起，這是一般通俗小說的慣例。鍾馗全傳的作者既然不能免俗，所以一開始便得先爲鍾馗的降生安排一些特殊的神迹異象，以爲他後來之有不平凡的經歷，以至終能成神等種種事蹟的張本。

鍾馗全傳敍述鍾馗的來歷絕不草率，在描繪他降生的神迹異象之前，更先爲他安排了一個特殊的家庭背景，說他的父親是個「樂堯舜之大道，慕夷齊之高標，視富貴若浮雲，棄軒冕如敝屣」的大丈夫，「家世儒業，官居顯宦」，「因無子嗣，隱居不仕」的海內豪雄。

雖然俗話說「英雄不怕出身低」，也說「將相本無種」，但是在流俗的觀念裡，「龍生龍，鳳生鳳」這一句話所代表的涵意，卻似乎更深入人心。如同「忠臣必出孝子之門」這一句話所顯示的一樣，傳統的觀念裡，英雄聖賢，還多半是來自良善之家。樹有根，水有源，鍾馗全傳的作者首先强調鍾馗父親的難能可貴，正是這種心理的表現，其用意不外在於藉此更强化鍾馗人格的神聖與完美。

故事中說鍾馗本是天上星宿，之會投胎鍾家，是由於兩老發願行善，更誠心求禱於西嶽華山，感動天庭而來。而他母親感孕之時，夢見神人手捧紅日，被她搶吞在肚；他降生時，母親又夢見神人點化，明示該小孩是上界武曲星轉世，這種種筆墨，不止預告了鍾馗未來應有不凡的一生，更顯示了鍾馗人、神兼具的特殊身份，他之會成爲神，之會轉昇天界，便只是遲早的事。白鼠入房的所謂吉兆，更加强了這層神秘性。而二位神人化身爲異僧適時出現，大庭廣衆當面宣示：「兒德所鍾，異日鍾山可治祟乎。」更等於路加福音所載，耶穌降生時，天使報喜給牧羊人，牧羊人去到伯利恆，將天使宣示救世主降生的話傳開了一樣，預先確定了他未來所擔當的不凡的使命。

鍾馗全傳描繪鍾馗這位神人降生的神話，所用的既是一般小說或傳說所常用的習套，本沒有特別值得介紹或指摘之處，但是，因爲這一段是開啓下文的關鍵文字，若要論全書，便仍不得不提到這一段起首。

書中有關鍾馗降生神話的描述，說鍾馗是上界「武曲星」下凡，若照鍾馗容貌凶猛醜陋，以及他死後成爲專負驅殺邪祟之責的神靈這些特點來說，倒是頗爲相配的安排，因爲民間故事中的武曲下凡，總是武勇超群的，如宋時的狄青將軍，傳說中即是武曲下凡，而包公則是文曲下凡。但是往後情節的發展，卻使人覺得鍾馗的作爲與武曲所應代表的形象及性情有所不合，因爲故事中將鍾馗描繪成一位文質彬彬，孜孜矻矻於文科進士考試的舉子，全無勇武之態，這未免就顯得有所矛盾。這個矛盾的由來，可以說正是作者囿於流俗的觀點，眼光有所不到的結果。在本論文第二篇論鍾馗神話一篇裡，我們曾併列了傳說中幾個看似大同實有小異的鍾馗神話。在沈括補筆談卷三所錄的一篇裡，鍾馗自稱是「武舉不捷之士」，後來的天中記等所載卻變成了「終南山進士」。所謂的「終南山進士」之說，從此便成了普遍流傳的鍾馗神話的定型。鍾馗全傳的作者即採用了這一個說法來寫他的書，而爲了更强調鍾馗的不凡，更說他是武曲下凡，於是便有了這個矛盾。如果當初作者選用了補筆談的記載作爲發揮的藍本，相信就不會有這種矛盾，全書的前後也會更爲統一，對於鍾馗的刻畫也會更爲生動。

類似的矛盾在書中他處也出現過，即在描寫鍾馗成長的一段過程中，鍾馗的父母曾有一段對話，鍾馗的父親看著幼小的鍾馗，對他的母親說：「此子姿容俊雅，迥別尋常，他日必爲朝庭之股肱，國家之樑棟，榮親耀祖，光顯門庭，澤及天下，名垂簡策，當爲此子期之。」這一段話雖然好像只是表現了父母望子成龍的心態，是主觀的見解與期望，但是，以「姿容俊雅」四字來形容鍾馗的容貌，無論如何却與後來的敍述大相逕庭，更與他因面貌凶惡而爲皇帝所黜的情節有所衝突。本段結尾的一首詩有「姿容秀雅別尋常，勸君莫作等閑看」之句，可見作者在此段中確是在强調鍾馗的「俊雅」，而不只是一時的疏忽。

這種矛盾的造成，除了如前所說，是全書將鍾馗當作一位文士來描寫這一因素所引起的以外，作者擺脫不掉傳統小說裡善人必得善報，而善報必是父母、夫婦大團圓的這個窠臼也有關係。作者爲了使鍾馗能有功德圓滿的結局，除了先敍出他有完美的雙親之外，更別出心裁的爲他安排了一位賢妻。而他的妻子如前節摘要所述，是一位美貌的才女，爲了使鍾馗能與妻相配得宜，作者可能因此落入「郎才女貌」「才子佳人」的俗套，於是就不經意的說出了鍾馗「姿容俊雅」。

鍾馗有妻的說法，在現有可見的資料中，除了本書以外，別處都不可見。但是，鍾馗姿容原本俊雅的說法，却不是本書所獨有，在後來的「鍾馗嫁妹」戲中，也曾有類似的說法。不過，在「鍾馗嫁妹」中，編者卻能巧妙地解決這個先前俊雅，後來醜陋的矛盾。以筆者所見的收於蓬瀛曲集的「嫁妹」一折來說，戲中描寫鍾馗死後封爲驅邪斬祟將軍，神魂返鄉，向他妹妹訴說容顏改變緣由的一段：「想當初離門庭，到中途，邪妖作症，一路裡寒熱㩳㩳，一路裡寒熱㩳㩳，誤入在深山鬼徑，改變俺舊日容顏，赴帝京，因此上殿試把君驚，將俺來黜落功名。」（註二一）。除了將鍾馗前後一俊一醜的緣故交待清楚以外，並且使人因而對這位「英雄奇男子」（戲中語）的境遇更生同情，加强了戲中的戲劇效果。比起「嫁妹」的作者，鍾馗全傳的作者在文學的品味，與編排的手法上，顯然大大的不如。

鍾馗全傳的作者，爲了刻繪鍾馗的不凡，除了加力的爲他塑造種種降生的神話以外，在敍述他成長的求學過程中，更以他與同儕對比的描寫手法，來强調他自幼的卓越特出。對比手法的運用，當然更能顯出主題，但是由於作者的眼高手低，過分的强調鍾馗的專精志誠，卻將幼小的鍾馗寫成一副少年老成的模樣，從小就世故而古板。如以佛斯特（E. M. Forster）的話來說，鍾馗全傳中的鍾馗，正是一個典型的平板的（flat）人物（註二二），毫不生動。譬如書中寫到鍾馗初次求學，當時的他仍甚幼小，有一天先生不在館中，諸生競相戲謔，鍾馗「佯爲不知」，有同窗友問他：「何勤苦之若是耶？」鍾馗說：「聖賢學問無不自勤苦中來，未有惰而能成其事者也。試與兄論之，農不勤則家無餘粟，商不勤則囊無餘資，況吾人之學乎！」學友又問：「兄之學而不倦，毋乃爲顯親揚名計耶？」鍾馗答：「豈但顯親揚名而已乎！吾人生於天地之間，當使精衷貫日，氣節凌霜，可以對諸天地，可以質諸鬼神，行與日月而爭光，名與天壤而俱敝，乃可無媿於人矣！」像這種冠冕堂皇的話，出之於幼童口中，作者或許以爲這正是自幼氣派不凡的表現，實在卻是過分矯情而且遠離了現實。

傳統小說中類似這種寫法的爲數不少，在作者的心目中，或許認爲這種寫法正是降生異象神話的接續，非如此不足以顯示出主角的不凡。但是這種呆板的公式，卻往往使得書中的人物了了無生氣。鍾馗全傳有關鍾馗求學的描述，皆如此類。

從鍾馗降生之有種種異象來說，他來到世間，本來就注定要扮演一個非凡的角色。但是，既降生爲人，便難免因受塵世的熏染而生凡心，因此，派他下凡的天神們，免不了還要再試鍊他一遍，以便看他能否擔得起重任。

在古老的傳統觀念裡，後來成聖成神的人，雖然大都是天生異稟，卻仍然多半還要經歷一番特別的考驗或折磨，才能得成正果。考驗的方式或者以危險魔難及種種恐怖試其胆力，或者以財物美色及情感惑其心志。這些考驗可以說都是針對人性的弱點而發的，或者以其所懼，或者以其所愛。未能通過考驗的，畢竟只是凡人，通過了考驗，才能證明他的超凡，正是所謂的眞金不怕火鍊（註二三）。

在傳統的小說或神話裡，這種針對人性而發的試鍊，往往出現在主角已經經過了多少自我鍛鍊與努力之後的最後階段，所以我們可以說，這種試鍊是成果的驗收，而不是教導訓練的過程。本書在鍾馗求學的第二階段中出現的「帝試鍾馗」，正是這種情形。玉皇大帝爲了查驗鍾馗爲人，以便看他是否可以委以除妖的大任，就派了一位天神化身成美女來勾引他。鍾馗當然不爲所動，而本書從他的降生開始所要塑造的一個神聖的形相，到此也才算有了一個結果。

這種試鍊場面的描寫，既是另一種習套，本也不值得我們特別的注意，但是，我們從這一段中卻又發現了作者情節安排前後矛盾的地方。

玉帝試過了鍾馗的爲人，知道他光明正大，可以委以重任時曾說：「異日令他掌人間之善惡，收天下之妖魔，亦使他名登金榜，聲播遐方。」這一段話顯然在於預示後來情節的發展，玉帝的話應當是不會差錯，無所折扣的，但是後來的情形卻不盡如此。「名登金榜，聲播遐方」給人的暗示是順利的，榮耀的，可是鍾馗在科場上的命運卻是初試不捷，羞歸故里；再試時雖然得中狀元，却因貌醜而爲皇帝所黜，鍾馗因而觸階而死。這種情節的發展給人的感覺是坎坷的，悲哀的。前後相對照之下，便顯得非常不諧調。其實這種不諧調的產生，不僅在於玉帝的許諾之言不能兌現而已，是由本書一開始的敍述即已種下的陰影。

作者從一開始的降生神話起，就一直强調鍾馗之特出，求學期間，更處處的表現了他的天資過人，才華畢露，迥異常人，父執師表也無不認爲他可以一試卽中。可是，鍾馗初試卻落第了，對這種情勢逆轉的理由，作者並沒有任何說明。鍾馗初試不捷的一段，原文的描述如下：「却說鍾馗赴試已畢，越數日榜出，報同寓中者有七人焉。馗問報者：『見有鍾馗否？』報者答曰：『未之有也。』馗聽此言，一時昏悶，隨往之僕甚爲慌張，卽將滾湯灌救而甦。」使人讀了之後，未免有無所著落的失望，因爲一路上的敍述，作者太强調鍾馗的特出，按故事的發展，他能考中應當是順理成章的事，然而却失敗了，失敗得沒有任何道理。

在文學手法的運用上，情境的逆轉常能造嘲諷或幽默的效果，使人對命運有着莫可奈何的感嘆！但在本書所敍的這些場面，卻不能使人有這種感覺，因爲作者一直的在强調鍾馗的神性與特出，他所要塑造的是一個絕對完美的人格，造成這種情境逆轉的結果，只是作者眼力不到造成的疏陋，而不是出之有意的要刻繪命運對鍾馗的嘲弄。

作者之所以要安排這麼一個「初試不捷」的情節，大概是受了原來神話故事中「應舉不捷」以及「終南山進士」之說的影響，所以先寫他不捷，然後上終南山。既擺脫不了舊有故事的模式，而又不能有合情合理的描寫，足見作者功力有所不到之處。明代無名氏的「慶豐年五鬼鬧鍾馗」雜劇，也有鍾馗曾經二次應舉不第的描寫，然而該劇的作者藉著知縣李璧的話，對此就做了合理的解說。李璧道：「終南山甘河鎮有一人，乃是鍾馗，此人滿腹詩書，前者中過鄉貢進士，爲因楊國忠當權，兩次不能中殿試。」簡單數語，藉忠奸的對立，卽點出了鍾馗的委屈。鬧鍾馗一劇的編成，或許還在鍾馗全傳之前（註二四），比起全傳的作者來，該劇的編者顯然高明了許多。

鍾馗初試不中，上終南山苦讀之後，第二次再應試，皇天不負苦心人，總算爲試官取爲第一名的狀元。但是頗爲悲哀，也頗有嘲弄意味的，卻是因爲他容貌的醜陋，而爲皇帝黜落了。一切的期待，終成了泡影，不禁急怒攻心，觸階而死。這種發展，這種結果，應當算是命運對鍾馗最大的嘲弄吧！文采超卓，心地純良忠厚的一位英雄才子，卻僅因爲有一副醜陋的容顏，而不容於當道，而前途盡毀。雖然說世間人原本只重皮相，皇帝自也難免，若能看得開，一切也就淡然。但是「看得開」是事後勸人的話，當這種悲哀而又無奈的事實發生時，當事人感受到的痛苦與刺激之大是可想而知的。像這種場面，本就充滿了生命嘲諷的意味，原是可以處理得相當感人的，可是由於作者意不在此，或者可以說是由於眼力不到，竟草草帶過，以致顯得有氣無力，毫無感動可言。

作者在鍾馗觸階而亡之後，隨卽描述上帝命金童玉女接引他往冥司查勘。這種安排使我們頓然覺得書中對鍾馗生前的正直不二與努力奮鬥等種種特出德性的描寫，原只是爲了向人證明他之所以能夠成神的道理。若再加上玉帝在鍾馗生前卽試鍊他，卽授他除妖的筆、劍，命他爲世間除妖的情節來看，我們更會覺得鍾馗原只是一個上帝早經安排好的除妖使者，他的來到世間，只不過是上帝要向世間示現一個除妖驅邪的正神，原是志誠的君子而已。觸階而亡的場面，因此也就成了這示現的最後一道手續，而毫無感人之力可言了。

既要描述鍾馗生前爲人的種種難能可貴，卻又處處强化神迹的示現，這是本書的基本矛盾之一。過於偏重神化的强調，自然就會掩沒人性可貴的一面，因而像這種原本可以是莊嚴的、悲壯的，甚且是充滿命運嘲諷的悲劇場面，都爲之磨損殆盡了。

中國歷代有不少英雄豪傑，因壯志未伸，死後成爲衆所膜拜敬仰的神靈，如關羽、岳飛等。他們生時爲忠義之人，死後爲正義之神。卽使小說與野史也同樣的描寫他們生前的種種異象神蹟，以强化他們的非凡，但是，當我們讀到他們的故事時，我們只覺得他們是一個活生生的人，是一個堅貞不移的典型，加在他們身上的神迹，並沒淹蓋他們的人性。因爲他們都是人，所以讀者在情感上和他們能夠有所認同，因而倍覺親切。鍾馗本來是神話中的人物，但是全傳的作者既將他當作一個壯志未酬的歷史人物來寫，却又處處以神迹淹蓋他的人性，而對於神性的描述因無法與人性諧調統一，因而原屬於人的種種悲歡離合、失敗、成功、折磨或喜悅等等，激動人心情節，都消失無存。而原屬於神性的崇高偉大之處，也就因而隱沒不彰了。

這種缺憾，只要看了本書對於鍾馗與他未婚妻之間情感的描述，就更加的明顯。書中敍述鍾馗初試不捷，滯留終南山之後，他的未婚妻聞知消息，即傷春憂悶而死。傷春而死，自是一般才子佳人小說的俗套，有時也可以說是頗富於人性化的，但是，以此來形容一個所謂的「仁恕溫良」「舉動端莊」（書中語）的賢淑佳人，一個志誠君子的未婚妻，却未免有所唐突，頗不諧調。而鍾馗於得知未婚妻死訊之後，雖然曾「號泣不絕，痛徹心髓」，卻並不返鄉哀悼，只在讀書處「遙空祭拜」「大作功果超度」，仍以功名為重，在山上讀書。這種寫法，更大大的不切合人性，減損了鍾馗作為一個完人的形象。

以上這種種缺點，若以現代文學的眼光來說，本書作者對人物的塑造，不僅僅是平板而已，更是前後矛盾，非常的失敗。而前半部的這些敍述正是作者舊話新編的重點所在，已經零落如此，後半部描述鍾馗死後成神，查驗冥界，受封顯靈等等，更只是一連串神話傳說的湊合，不必深論，已可知其大概。

若從嚴肅的觀點來說，鍾馗全傳在文學上的價值可以說並不足觀，由以上的詳論已可見其一斑。但是，如果將它當作一部演述鍾馗神話的民間故事來看，則它只要故事中將鍾馗的來歷與成神的經過述說清楚即可。解說世間各種事物或制度之由來的故事，本就是民間故事（Folk tale）中經常出現的主題（註二五）。而民間故事或民間傳奇的敍述與結構方式，一般上說來與文人創作的嚴肅文學是頗有差別的。民間故事通常有著簡單清楚的主題，而同樣的情節常反覆敍述，人物則單純而平板（註二六）。如果我們將鍾馗全傳當作一部民間故事來看，那麼它便仍有存在的價值。

而如果我們將本書當作純粹的通俗文學（Popular literature）來看，我們的失望便也不會那麼大，因爲通俗文學的創作本就是供一般人消遣的（註二七）。本書的出版，正是通俗小說大行其道的時刻，建陽一地更是當時刋行通俗文學的大本營。此書也只是他們刋行的通俗小說的一種，我們自也不必過分以嚴肅的眼光來作要求。當然，通俗文學作品中，也不乏佳作，而通俗文學與嚴肅文學的分際，有時也難以清楚的劃分，但是我們卻可以認定，鍾馗全傳是一部寫得不太成功的通俗小說。它的價值不在文學藝術方面，而在於它是研究民間文學，或鍾馗神話的重要資料。

註釋

一　孟元老，東京夢華錄，收於東京夢華錄（外四種），古亭書屋，民國六四年八月台一版，頁四三。

二　孫楷第，中國通俗小說書目，鳳凰出版社，民國六十三年十月初版，頁一九七一一九八。

三　譬如法國學者 Danielle Eliasberg 除了研究鍾馗信仰起源之外，更將鍾馗斬鬼傳全書譯成法文，二者合爲一書，書名 Le roman du pourfendeur des demons. 一九七六年出版。

四　W. L. Idema, Chiness vernacular fiction-The formative period, E. J. Brill, Leiden, 1974,P. 101.

據孫楷第，日本東京所見小說書目卷三的記錄，承運傳四卷，藏於日本內閣文庫，「明坊刊本，上圖下文。正文寫刻，半葉十行，行十七字。與余光斗所刊『八仙傳』等書同一形式，疑同時同地所刻。書不標回數。」則其刊刻形式與鍾馗全傳大體相同。日本東京所見小說書目，香港實用書局，一九六七年八月港一版，頁五一—五二。

五　Glen Dubdridge. The Legend of Miao-shan. Oxford Univ., 1978, PP. 53—54.

六　筆者曾整理現存明代通俗小說出版家及書刻版式爲一表，其中題安正堂及劉雙松出版者僅此一部。又現存小說書中，挿圖形式爲「上圖下文」者，幾乎皆爲福建刻本。而當時出版通俗小說之姓劉者，如劉蓮台、劉榮吾、劉興我、劉龍田、劉大華等，皆爲福建建陽一帶之書商，準此以觀，劉雙松或許即是建陽書商。

參看：胡萬川，明代通俗小說刊行者新表，圖書與圖書館季刊第四輯，頁八三—九九，文史哲出版社。

七　鄭著，中國文學研究新編，明倫出版社，民國六十年二月初版，頁一一二。

八　無名氏，玎玎璫璫盆兒鬼雜劇，收於全元雜劇三編第三冊，世界書局，民國五十二年二月初版。

九　無名氏，新編說唱包龍圖公案斷歪烏盆傳，爲新發現明成化說唱詞話之一種。明成化說唱詞話叢刊，鼎文書局，民國六十八年六月初版。

一〇　聽五齋先生評定，繡像龍圖公案，天一出版社，民國六十三年九月影印出版，卷三。

一一　Yau-woon Ma, The Pao-kung tradition in Chinese Popular literature, A dissertation presented to the Faculty of the Graduate school of Yale University in Candidacy for Degree of Ph. D. 1971, P. 125.

一二　Ibid, P. 124.

一三　Ibid, PP. 145－191.

一四　古書中有關天子帝王感生神話的記載頗多，太平御覽皇王部引錄者即有不少。如卷七十九：「帝王世紀曰，黃帝有熊氏，少典之子，姬姓也，母曰附寶：：附寶見大電光繞北斗樞，星照郊野，感，附寶孕，二十五月生黃帝於壽丘。」「河圖握拒曰：黃帝名軒，北斗黃神之精，母地祇之女附寶，之郊野，大電繞斗樞，星耀，感附寶，生軒。」「帝王世紀曰，少昊帝名摯，字青陽，姬姓也，母曰女節。黃帝時有大星如虹，下流華渚，女節夢接意感，生少昊。」卷八十一：「詩含神霧曰，握登見大虹，意感生帝舜。」卷八十二：「孝經勾命決曰，命星貫昴，脩紀夢接生禹。」卷八十三：「河圖曰，扶都見白氣貫月，感生黑帝湯。」卷八十四：「詩含神霧曰，大任夢長人感已，生文王。」諸如此類的記載，不一而足，不必具引，即此已可見其一斑。

西洋神話中的英雄，亦有其降生的神話，不過與我國帝王聖賢的感生神話稍有差別而已。

See: Lord Raglan, The hero of tradition, in "The study of folklore," ed. by

Alan Dundes, Prentice-Hall, Inc., N. J., 1965, PP. 142 — 157.

一五　史記有關孔子降生的記載，雖然司馬遷力求其雅馴，却仍可見出感生神話的痕迹。到了後代的三教源流搜神大全，孔子降生的神話就變成：「魯襄公二十一年冬十一月庚子日，乃先聖誕生之日，有二龍繞室，五老降庭。五老者，五星之精也。母顏氏之房聞奏鈞天之樂，空中有聲云：『感生聖子，故降以和樂笙鏞之音。』故先聖之生，大非凡同，而質甚異，而首秀圩頂，故因名丘，字仲尼。」說明了聖人是在降生之初就與常人有別的。見該書卷一，儒氏源流。

一六　馮夢龍編，古今小說，世界書局影印明天許齋刊本，民國四七年五月出版，第十三卷葉一下—二上。

一七　馮夢龍編，警世通言，世界書局影印明兼善堂刊本，第九卷，葉一上。

一八　前引書，第四十卷葉十上—葉十一下。

一九　古吳墨浪子，西湖佳話，世界書局，民國五八年四月出版，頁六六。

二〇　前引書，頁八二。

二一　無名氏，嫁妹，收於蓬瀛曲集蒲葵傳中，中華書局，民國六十一年十一月台一版，頁六一—七。

二二　平板（flat）和圓形（round）是佛斯特用來分析小說人物的二個主要觀念。平板人物通常用來指個性比較呆板，執持某個觀念卽不會改變的角色，圓形人物則指具有人性中各種個性的角色。See: E. M. Forster, Aspects of the novel, Penguin Books, 1979, PP. 73—80.

二三　太平廣記卷二魏伯陽，卷七李八百，卷八張道陵，卷十二壺公，卷五七太眞夫人，都有仙人試鍊弟子之事，其方式大體皆如此類。

二四　金瓶梅詞話第六十五回記李瓶兒死後，親友來祭弔，十月初八是四七，「十一日白日，先是歌郎幷鑼鼓地弔來靈前參靈，弔五鬼鬧判，張天師着鬼迷，鍾馗戲小鬼。」「五鬼鬧判」即「五鬼鬧鍾馗」，地弔即地上演戲之意。金瓶梅詞話據「金瓶與王世貞」一書作者的考證，爲萬曆中期的作品，該書旣已引用五鬼鬧判，可見該劇在當時卽已風行，而其編成當爲更早。因此推斷，五鬼鬧鍾馗雜劇的編纂可能更早於鍾馗全傳。

二五　Stith Thompson, The folktale, The Dryden Press, New York, 1951, P. 9.

二六　Ref: Axel Olrik, Epic laws of folk narrative, in "The study of folklore", ed. by Alan Dundes, Prentice-Hall, Inc, N. J. 1965, PP. 129—141.

二七　Victor E. Neuburg, Popular literature - A history and guide, Penguin Books, 1977, P. 12.

第二章　斬鬼傳與平鬼傳——兩部同類型的諷世小說

第一節　版本與作者

據孫楷第中國通俗小說書目所載，斬鬼傳又題作「第九才子書」，現存者有鈔本，有刋本。刋本有莞爾堂刋袖珍本，同文堂刋本，題「陽直樵雲山人編次」，首有康熙庚子上元黃越（際飛）序。鈔本有二種，一種「不題撰人，有作者自撰長序，他本皆不載。正文與今本字句多不同，疑是此書初本。」另一種舊鈔本，「有自序，署『煙霞散人題於淸溪草堂』。」（註一）。

柳存仁倫敦所見中國小說書錄謂倫敦圖書舘藏有「莞爾堂」刋袖珍本，封面書題「說唐平鬼全傳」，亦標有「第九才子書」及「陽直樵雲山人編次」字樣。正文之前有「康熙庚子（五十九年，一七二〇）仲多上浣，上元黃越際飛氏書於京邸之大椿堂」序文一篇（註二），可見該書文曾經被稱作「平鬼傳」，與後來乾隆年間廣州刋行的「雲中道人」所編「平鬼傳」名稱相同。

據陳監先的「捉鬼傳的作者和版本」一文所考，斬鬼傳的版本和異稱，尙不止如上述二家所錄，陳氏說：「這部小說的刻本很多，我所收藏的，有莞爾堂刻本、五雲樓刻本，近文堂刻本，江左書林刻本數種。從版本源流上看，『斬鬼傳』是本書原名，此外『捉鬼傳』、『平鬼傳』、『九才子』、『鍾馗傳』諸稱，都是以後翻刻改題的。」（註三）。

另外，據世界文庫收錄的「斬鬼傳」與「平鬼傳」書前介紹，謂「煙霞散人的斬鬼傳，文字豐腴活耀，無疑的，作者是一位不得志的才士。後來刋本改稱第九才子書，又加以黃越的序，把作者姓名也變成了『陽直、樵雲山人。』我在北平曾得乾隆間鈔本一部，無黃越序，而有甕山逸士序及作者自序，似最爲善本。」（註四）。

由以上諸家的紀錄，可見該書流傳的本子相當多，作者題名與書目也各略有不同。由於此地公私並無收藏任何斬鬼傳舊本的記載，因此關於版本的傳述，僅列各家所述於此，筆者無置辭之餘地。而在該書諸多異名中，筆者認爲從其原名斬鬼傳較爲恰當。因爲若稱「鍾馗傳」，則容易與「鍾馗全傳」混殽，若稱「平鬼傳」，則更與雲中道人的「平鬼傳」相疊。因此下文論述，皆以「斬鬼傳」稱此書。

剩下來所要澄清解決的便是作者的問題。周氏的中國小說史略曾疑此書爲明人所作（註五），世界文庫本該書的書前介紹，則認爲「煙霞散人未知何許人，著幻中眞及鳳凰池。斬鬼傳自序云：『題於清溪草堂。』按作禪眞逸史者爲清溪道人，也卽杭人夏履先。煙霞散人或卽其人歟？」（註六），兩說都是疑似之辭，不敢肯定。

據上述諸家所載，該書作者題署有二，鈔本題爲煙霞散人，刋本題爲陽直樵雲山人。世界文庫本書前介紹因爲見鈔本自序題於「清溪草堂」，即疑煙霞散人即夏履先，實屬錯誤，因禪眞逸史爲明人方汝浩所作，清溪道人即方汝浩之別署，孫楷第中國小說書目已有考證（註七），若說因「清溪」兩字有所聯想，也當疑爲方汝浩，不當屬之夏履先。此當是一時不察之誤。

煙霞散人與清溪道人當爲不相干之兩人，清溪道人方汝浩乃崇禎年間人，而煙霞散人則爲清初之小說家。據孫楷第中國通俗小說書目所載，題「煙霞散人」所作之通俗小說，除斬鬼傳之外，尚有數種，玆將各書書名、作者及序者題署列表如下：

書名	編著者	序者
1.斬鬼傳（鈔本）	煙霞散人	甕山逸士
2.幻中眞	煙霞散人編次	天花藏主人
3.鳳凰池	煙霞散人編	華茵主人

又有題「煙霞主人」、「煙霞逸士」所編之書如下：

1.幻中遊　題「步月齋主人編次」
　　封面又題「煙霞主人編述」

2.巧聯珠　題「煙霞逸士編次」
　　目錄葉亦題「五彩堂編次」

作斬鬼傳之煙霞散人當即作幻中眞等之煙霞散人，甚且也可能就是作幻中遊等的煙霞主人，煙霞逸士。作者應當是清初人無疑，因爲這些通俗小說都是清初的作品。煙霞散人與煙霞主人，煙霞逸士是否卽爲一人尙難確定，但是，據孫楷第日本東京所見小說書目所載，藏於東京內閣文庫之坊刋本幻中眞題「煙霞散人編次」，「泉石主人評訂」，「曲枝呆人評錄」，後有總評云：「無名演『幻夢集』，覺非人作『采眞編』，俱以行世。煙霞子兼得其美，題曰『幻中眞』。」（註八）。煙霞散人旣可又稱爲「煙霞子」，便很可能又另稱作煙霞主人或煙霞逸士。

又斬鬼傳刋本題作者爲「陽直樵雲山人」，按題樵雲山人所作小說，今傳世者另有一本，卽「飛花艷想」。飛花艷想與幻中眞、鳳凰池、幻中遊、巧聯珠等都是清初刋行的「才子佳人」小說。如果鈔本與刋本所題作者人名無一謬誤，則樵雲山人與煙霞散人便是同一人的別號，而此人除了作諷刺小說「斬鬼傳」之外，更是「才子佳人」小說創作的能手。

如果我們再從上面的簡表再加推廣，更會發現這個人和清初一些創作或出版才子佳人小說的人，可能關係相當密切。幻中眞題「煙霞散人編次」，有天花藏主人序，雖然我們未看過該書及序文，但是序者和作者應當爲頗有交往的朋友，則可以推斷，如果此推斷無誤，那麼，我們便會發現，清初的一些才子佳人小說的編著和刋行可能是有一夥同伴好友在集體推動，而煙霞散人便可能是屬於這一夥的人。因爲天花藏主人不只是「雲仙笑」、「驚夢啼」、「人間樂」、「錦疑團」等書的編者，更是「幻中眞」、「玉嬌梨」、「平山冷燕」、「飛花詠」、「兩交婚」、「金雲翹傳」、「麟兒報」、「畫圖緣」、「定情人」、「賽紅絲」、「鴛鴦媒」等書的作序者。

另外，再從「幻中遊」這一部書來看，也可發現類似的情形。幻中遊題「步月齋主人編次」，封面又題「煙霞主人編述」，由此來看，「煙霞主人」和「步月齋主人」的關係當也相當密切。而步月齋主人或步月主人則是當時許多同類小說的「訂」者。如「兩交婚」、「畫圖像」、「情夢林」、「鳳簫媒」、「蝴蝶媒」、「終須夢」、「五鳳吟」等書，雖然作者非一，但都題「步月主人訂」。而同時的「玉支璣」一書，則題「天花藏主人述」「煙水散人編次」，煙水散人卽徐震，浙江嘉興人，字秋濤（註九），除編有「後七國志樂田演義」之外，更編著有「珍珠舶」、「合浦珠」、「賽花鈴」、「夢月樓情史」、「燈月緣」、「桃花影」等書（註一〇）。

以上這些作品合計已佔清初乾隆以前所有「才子佳人」小說數量之大半以上，雖然其中作者與序者以及出版者之間彼此間的詳細關係，我們尚不得而知，但是由「天花藏主人」、「步月主人」、「煙水散人」等互有牽連的線索來看，則當時有一夥同好專門從事於此類「才子佳人」小說的編纂與發行則可確定。而斬鬼傳的編者「煙霞散人」或說是「樵雲山人」，則是與這一夥有關係的人。由於筆者所見原始資料所限，對此問題尚未能深論，僅由目錄所載提出猜測如上，日後若有所見，當更詳爲論之。

斬鬼傳的作者陽直樵雲山人這個人，據譚正璧中國小說發達史所說，就是太原人劉璋。譚氏提出此說，並無說明根據出處（註一一）。寧遠的小說新話，及陳監先的「捉鬼傳的作者和版本」一文都指出，此說來自徐昆的「柳崖外編」。按柳崖外編卷二素素條云：「太原劉璋先生作鍾馗斬鬼傳頗奇詭，其尤驚者，如沒臉鬼一條云：鍾馗遇沒臉鬼，以刀劍戕戟向面百刺皆不懼，計無如何。判奏云：此鬼乃千層樺皮臉，非刀劍戕戟所能傷，亦非語言文字所能化。鍾問計安出？判曰：惟良心可以消之。乃遍覓陰曹求良心不可得，忽於酆都城外見有人心半個，煽然猶動，判喜持向鍾曰：此半個良心也。乃復與沒臉鬼鬥，令判潛持良心於高岡上，抵面打之。戰方酣，沒臉寃方兇勇少却，判以腰間條繫半個良心打之，沒臉鬼忽羞縮，再擊，則臉上樺皮層層退，直至數十擊然後倒，鍾馗回馬斬焉。其他不悉載。劉先生固讀書好奇士也，有子名玉郎。」（註一二）。

寧遠認爲這個說法的可靠性相當大，一者，劉璋是康熙三十九年舉人，雍正初曾任河北深澤縣令，而這部「捉鬼傳」大約是康熙五十七年左右初刋的，時間上可以指得攏。二者作品的內容牢騷很多，滿紙抑鬱不平之氣，而劉璋本人也正是個鬱鬱不得志的老名士，他做縣長時已快七十歲，而且只幹了四年就去掉紗帽，憤世嫉俗的心情可想而知（註一三）。

陳監先更認爲書中的用語許多爲山西所獨有，非他處人所能道，而作者題爲「陽直樵雲山人」，陽直是陽曲的古名，陽曲則爲山西太原府附郭首縣，而劉璋正是太原陽曲人，此是一證。又柳崖外編的作者徐昆爲山西臨汾人，乾隆三十五年舉人，四十六年進士，在居地上與時代上都與劉璋相去不遠，他既說「斬鬼傳」爲劉璋所作，其說自屬可信，有此二證，斬鬼傳爲劉璋所作當可無疑。

關於劉璋的生平，據陳氏引山西通志、陽曲縣志、深澤縣志，知劉璋字于堂，山西陽曲人，康熙三十五年丙子舉人，雍正元年任深澤縣令。深澤縣志名宦傳有傳：「劉璋陽曲人，年及耄，始受澤令。諳于世情，于事之累民者悉除之。……任四載，民愛之如父母。旋以前令虧米穀累，解組。」由此可知，劉璋中舉雖然頗早，可是一直過了二十八年，年已及「耄」，才得任縣令。黃越爲斬鬼傳作序，題于康熙五十九年，剛在他任縣令的前三年。可見斬鬼傳之作，正在這中間空檔抑鬱的二十幾年中，書中的鍾馗及含寃、負屈二將軍都是科場失意的人，其中可能即有作者的影子在內（註一四）。

以上所引陳監先、寧遠二家之說，已將斬鬼傳作者劉璋生平及作此書的契機說明清楚，筆者認爲其說可信。而且與他之另作有「才子佳人」小說之事實，以及可能與一些專門從事於「才子佳人」小說之編作、刋行者有關的假設，皆不衝突，因爲從他中舉到任縣令之間的二十幾年空檔，並無任何從事其他工作的記載，很可能就是埋首於各種小說寫作的時間。

該書原本出版於何時，頗難確定，鈔本的煙霞散人自序題于「辛己」仲夏，以劉璋生平活動期間推算，當爲康熙四十年（一七〇一年）。刋本黃越序則題于康熙五十九年庚子（一七二〇年），中間相去十九年之多。筆者認爲可能該書先有鈔本，後有刋本，而康熙四十年，即作者中舉之後五年，即是本書出成書之時。而該書初行時，作者原題「煙霞散人」，與作「幻中眞」等相同，後來刋行再另署「樵雲山人」，與作「飛花艷想」所署相同。或許由此亦可推定，作者寫作「斬鬼傳」、「幻中眞」、「鳳凰池」等小說的時代稍前，而寫作「飛花艷想」的時代則稍後。幻中眞、鳳凰池的寫作時代雖暫不可考，飛花艷想則有題爲「已酉樵雲山人」的自序。己酉年孫楷第疑爲不是康熙八年即是雍正七年（註一五）。按理推之，康熙八年時，作者當仍年幼，自不可能作此小說，則當以雍正七年爲是。因其時正作者卸深澤縣令之後三年，若其時作者身體猶健，以空閑時期作小說，較爲可能，因此很可能「樵雲山人」就是作者晚年所取的筆名。

河洛出版社出版之斬鬼傳一書前附有「張子文」所作提要一篇，謂「觀於甕山逸士爲『斬鬼傳』作序，痛詆明代的大奸臣權閹魏忠賢和劉瑾，吾人暫推測此書或作於明末，則煙霞散人自序所題之辛已，尙是明崇禎十四年（一六四一）。」（註一六）。按此說實不値一駁，因甕山逸士序稱魏忠賢爲「有明之魏忠賢」，已明是淸人語氣，不可能作於明代。並且書中第七回描述風流鬼即是「未央生」靈魂顯現，未央生爲「肉蒲團」主角，可見該書尙成於肉蒲團之後。

張氏提要又謂：「徐昆柳崖外編所引述斬鬼傳的一段，與鈔本煙霞散人所撰之斬鬼傳，名詞情節頗有不同，如徐昆引述的沒臉鬼，鈔本則作涎臉鬼。」「因此徐昆所說此書爲劉璋所著，不能不令人產生一些懷疑。」（註一七）。筆者認爲此懷疑亦大可不必，因爲由前引各家著錄，可知此書版本頗多，其中各版本之間，因出版者之喜好，各自更動書中若干文字與情節，並非不可能，孫楷第已指出，今傳有作者自撰長序的鈔本「正文與今本字句多不同」，又如坊間瑞成書局所印鉛字本題爲「第九才子書鍾馗傳」者，亦卽斬鬼傳，其中所謂的「沒臉鬼」、「涎臉鬼」，此書卽作「釃臉鬼」，所謂的「千層樺皮臉」，此書卽作「牛皮瞞了樺皮，樺了幾十層。」可見其所根據的本子，文字亦稍有異同，就是一個證明，因此不必以徐昆所引之文與鈔本文字稍有不同，卽作此懷疑。

下文論述斬鬼傳時，所據的本子，以世界文庫排印本爲據，因爲此本之排印，照文庫編輯者所說，對於鈔本原有之方言別字均不更動，力求保存其原來面目。

平鬼傳據孫楷第中國通俗小說書目所載，原名「唐鍾馗平鬼傳」，八卷十六回，有淸乾隆乙巳廣州刋本，題東山雲中道人編，與通行本第九才子書不同（註一八）。世界文庫的編者謂此書「傳本頗多，而罕見善本；或本題『東山雲中道人編』，也不知其爲何許人。文字較爲直率，有的地方卻也很動人。」（註一九）。這是筆者所見的僅有的對於「平鬼傳」一書版本有較詳細的介紹者，因本地公私亦未有收藏該書之著錄，所以筆者對此也不能贊一辭。

續四庫全書提要子部著錄此書，所引版本與孫氏目錄同，其中特別提到此書與斬鬼傳的關係：「按通行本陽直樵雲山人斬鬼傳四卷，題第九才子書，亦演鍾馗事，勘其文與此本全異，疑此爲舊本。」（註二〇）。此疑筆者不敢贊同。

由前引有關的目錄、版本記載而言，這兩部書各有不少舊刋本，而斬鬼傳已可確定爲康熙年間的劉璋所作，鈔本有康熙四十年（一七〇一）的序，可見此書當時卽已成書。而平鬼傳見於著錄的，則只以乾隆乙巳，卽乾隆五十年（一七八五）的刋本爲最早，兩者相去八十餘年。雖然乾隆乙巳的刋本未必就是這書的原刋本，但是，在沒有其他有力證據出現之前，我們寧願相信這書是在斬鬼傳之後。

本書作者雲中道人已不可考。下文論述本書時卽以世界文庫排印本爲據。河洛書局出版之平鬼傳一書，將柳存仁倫敦所見中國小說書錄所載的「說唐平鬼全傳」一書的考證，移充作該「雲中道人」所編「平鬼傳」一書的提要，殊爲謬誤（註二一）。柳存仁所錄的「說唐平鬼傳傳」係「陽直樵雲山人」所作的「斬鬼傳」後刋本的別稱，二者完全不同，已如前述。河洛本的編者張冠李戴，疏漏實甚，故其書亦不足爲據。下文所論，所謂「斬鬼傳」即指樵雲山人所著書，共十回；所謂「平鬼傳」即指雲中道人所著書，共十六回。

第二節　內容的分析與評論

斬鬼傳與平鬼傳之舊刻本雖然難見，但坊間的翻刻排印本則到處可見，因此關於這兩部書的故事內容即不必再摘要重述，而直接從分析與評論入手。

這兩部書的性質，正如孫楷第中國通俗小說書目所列，都是屬於諷刺小說。諷刺有其久遠的傳統，人類對於與自己有關的社會、政治、經濟等現實狀況，或習俗制度以及某人的行事作爲等等有所不滿，而又不能有及時作直接改革或糾正的能力，便出之以機巧隱微的言語，旁敲側擊的指陳出事實的眞象，以激起被假相所蒙蔽的當事者的醒覺，便是諷刺的源始。因此諷刺的原意並不是壞的。自古史傳或經書中所載，便時有精巧的諷刺之語。至於小說中諷刺之作，也淵源流長，周氏中國小說史略清之諷刺小說一章，開宗明義，即說明其演變大略：「寓譏彈于稗史者，晉、唐已有，而明爲盛，尤在人情小說中。然此類小說，大抵設一庸人，極形其陋劣之態，藉以襯託俊士，顯其才華，故往往大不近情，其用纔比于『打諢』。若較勝之作，描寫時亦刻深，譏刺之切，或逾鋒刃，而西遊補之外，每似集中于一人或一家，則又疑私懷怨毒，乃逞惡言，非于世事有不平，因抽毫而抨擊矣。其近于訶斥全群者，則有鍾馗捉鬼傳十四，疑尚是明人作，取諸色人，比之群鬼，一一抉剔，發其隱情，然詞意淺露，已同謾罵，所謂『婉曲』，實非所知。」（註二二）。

周氏所談諷刺小說的流變大體不差，但他認爲西遊補爲諷刺小說，則尚有商榷餘地。因西遊補不是本論文題旨所在，所以暫不深論。至於他所批評的鍾馗捉鬼傳，也就是斬鬼傳，不是明人所作，前節已有詳論，此不多贅。斬鬼傳雖不是諷刺小說中上乘之作，然而是不是像他所說的如此不堪，卻仍有待商榷。本節卽先論斬鬼傳，而論述的重點，則分從人物、情節與結構、語言三方面着手。

這部書是藉著鍾馗斬鬼的神話所寫出來的諷刺小說，可以說是藉題發揮的作品。在這裡，鍾馗和他的副將含寃、負屈代表的是正面人物，不是諷刺的對象。在沒有討論那些諷刺對象的主體——人間群鬼——之前，讓我們先看看本書作者對鍾馗等正面人物的塑造，探討他們所代表的意義，是一件不可少的事情。

本書中鍾馗的形象，雖然仍是神話故事中的形象，但是，因爲他現在所要驅除的已不是通常的鬼魅，而是具有如鬼之性質的醜陋衆生，所以我們便也偏重於將鍾馗當作一個有生氣，有人性的人來看待。

故事中說鍾馗是唐朝中南山的秀才，字正南，「生的豹頭環眼，鐵面虬鬢，甚是醜惡怕人。」這麼一位醜惡怕人的秀才，卻有著高超的才學與正直的德性，「誰知他外貌不足，內才有餘，筆動時篇篇錦繡，墨走處字字珠璣。且是生來正直，不懼邪祟。」

這麼一個奇特的人，如果是生在華胥氏之國，一切但自然而已，原自無事；或者是他自己願學老農稼穡，與世無爭，便也逍遙。誰知他卻生在一個衣冠文明的國度，更想在功名的彀中求取出人頭地，便免不了悲哀。衣冠社會，原只重衣冠表相不重人，悠遠的文明傳統，更有著那不許人間才子容顏醜的期許與想望。

因爲如此，所以鍾馗上京應試，以其內裡的眞才實學，雖然得遇能識得眞才，能重實質的韓愈、陸贄等人的重視與提拔，但容貌的醜陋不堪，終抵不過當朝皇帝與勢力小人如宰相盧杞的世俗之見，被黜落了。

鍾馗的被黜，若從科學但求眞才實學的觀點來說，他是寃屈的，但就世俗一般的成見來說，當朝皇帝的作法，卻也是合乎現實的。鍾馗被取爲第一甲第一名的狀元之後，引見皇帝，皇帝一見他的容顏，心中甚是不悅，這個「不悅」是初見之下心頭產生的不快之感。醜陋的面貌原是常人所不喜的。既有了「不悅」，便有了排斥之感，於是皇帝從現實的情況中找到了排斥他的道理：「我朝取士，全在身言書判，此人醜惡異常，如何作得狀元？」識拔眞才的韓愈雖然也從實際的歷史中找出一些不當以貌取人的實例，來爲鍾馗辯護，但是，皇帝心中成見既生，便仍用世俗評價的觀點來反駁了韓愈的話，皇帝說：「卿言正是，但我太宗皇帝時，十八學士登瀛州，至今傳爲美談。若以此人爲狀元，恐四海愚民，皆笑朕不識人才也。」所謂四海愚民，代表的正是世俗之見，也正是皇帝自己的意見。這種世俗之見眼光中的人才，原是容不得貌醜的。

由此來說，鍾馗被黜的悲劇，便不是皇帝一人所造成，皇帝所代表的只是一般的世俗之見。鍾馗被黜悲劇的根源，是來自他外表醜陋與內在才高本身的不諧調。一個人外表的醜陋與內在的高潔，原沒有所謂衝突或不諧可言，但從世俗的習見來看，便會覺得不諧調。

鍾馗容貌的奇醜，若照世俗的觀點來說，應當是屬於一種殘陋，而從古典的戲劇理論來説，殘陋的人物，應當是扮演喜劇角色，供人笑謔的人物。但是，若從他的才華或德性來說，他卻高人一等，從古典戲劇的理論觀點來看，他又應當是屬於悲劇中的英雄（註二三）。

以中國傳統小說人物的形象塑造「定型」來說，鍾馗的外表所呈現的，應當與李逵、程咬金為一流人。往更壞的方面說，或許就是外道邪魔一類的造型。但是，以他的才華超凡來說，他卻又應當是琴挑文君的相如，或才高八斗的子建一型。再以他高潔正直的德性來說，更應當是與武穆或于謙為同類。這種集兩種極端異質於一身的特殊角色，無疑地，在世俗人間便會產生不諧調，進而與世間產生疏離。

鍾馗才比天高，秉性忠直，却又貌醜異常，便不能與世間對人的認知成見協而為一，因而他在世間便是孤獨的。這種人格內在的價值，僅僅因為容貌的醜陋，而被否定的衝擊，當然使他憤怒。但是一怒之下，卻更觸犯了當局的忌諱，於是他自好只殺身死了。鍾馗的自殺，可以說是對世俗觀人但取外表的諷刺，更是對這種世俗習見的抗議。

鍾馗外表面貌的醜異與內心的正直，以及才華的高超，本身便是一個强烈的對比，而這個對比放在世俗取人的標準底下，便產生了一種嘲諷的效果。當然，這是歷來鍾馗神話中的鍾馗形象，而不是斬鬼傳作者創造出來的。但是，以這樣的人物來當作諷刺小說的正面人物，卻是作者的獨到之處。

鍾馗心志高潔，但因其外表醜陋，因而在世俗人間不能獲得應有的尊重。這種寃屈，只有在陰司才能得到補償，因爲只有陰間才尊重人的實際。陰間賞罰觀念的存在，本身便是對人生現實的一種嘲諷。鍾馗在陰間受到了尊重，領受了閻君的安排，專負殺鬼之責。但是他不在陰間誅除惡鬼，也不到陽間驅逐邪祟，卻來到人間要專殺形是人類，心是鬼魅的人鬼。這種安排的出發點，便有著補償鍾馗在陽間受到如有「藍面鬼」之稱的盧杞等人排斥、受寃的心理作用。殺鬼的故事由此開始，便使人覺得自然而妥貼。

伴隨著鍾馗來到陽間誅殺陽間人鬼的，尙有所謂的含寃與負屈兩位將軍。含寃所代表的是會用腦筋的軍師，負屈所代表的則是能征慣戰的武將。其實含寃與負屈便是鍾馗心境的另外的化身。鍾馗之會被尊爲驅鬼的神道，一方面便是出之於對他在人間旣「含寃」又「負屈」的報償。

當然，書中爲了塑造含寃與負屈的可憐形狀，更用了强調的筆法，將兩人描繪成了世間因文因武兩途遭受寃屈的典型。將所要挖苦或諷刺的對象的某種特性或癖性加以强調，正是諷刺者所常用的手法（註二四）。

書中描寫含寃的形狀：「頭戴儒巾，論胸油足有半斤，身穿儒服，說塵垢少殺三升。滿腹文章，怎無奈飢時難養；塡胸的浩氣，只好苦處長吁！白眼親友反說酸子骨雞，雞心妻妾倒言夫主情乖。正是失意貓兒難學虎，敗翎鸚鵡不如雞。」

負屈的形狀：「舉止剛强，形容古怪。狼腰虎體，兩臂力有千斤。海潤天空，一心無半點私。身能扛鼎，怎奈無鼎可扛！志氣沖天，其如有天難沖！爛弓折箭怎好向人前賣弄，三略六韜，只落得紙上空談。正是雄心欲把山河奠，薄命難逃推轂人。」

若別說含寃的「塵垢三升」，與負屈的「力有千斤」，書中對這兩個人的形容，加起來，不正恰似一個鍾馗模樣嗎！

一個以含寃負屈相陪的鍾馗就這樣來到了世間，要誅除人間似鬼的衆生。底下我們再談這些鍾馗所要誅除的群鬼。

鍾馗所要誅除的人間群鬼，實際上都是人，這些人又何以稱之爲鬼？作者在自序中說：「夫人之所以爲人者，善耳。人至於不善，雖人而實鬼也。」是說人應當都是善良的，不善良的便不是人，而是鬼。這話再引伸來說，就是說因爲人之畏鬼，是由於人認爲鬼多半對人有害，對人不友善，因此，不善良的人，也是爲害人間的人，便稱之爲鬼。正文第一回中又藉著閻君的話說：「大凡人鬼之分只在方寸間，方寸正的鬼可爲神，方寸不正的人卽爲鬼。」說的也是這個道理。所謂「方寸不正」，就是「心地不善」之意。

但是方寸不正的人，如果做事害人，違犯了法條，自有官府治罪，又何勞鍾馗來斬？對此作者又有解說，他說鍾馗所要斬的這些世間之鬼，並不是殺人放火，作奸犯科，明白觸犯法條的人，而是一些雖爲不善，令人生厭，但却又似乎沒有明白觸犯法條的人。閻君說：「此等鬼最難處治，欲行之以法制，彼無犯罪之名；欲彰之以報應，又無得罪之狀也。曾差鬼卒稽查，大都是習染成性之罪孽。」這些鬼就是謅鬼、假鬼、奸鬼、搗大鬼、冒失鬼、仔細鬼、涎臉鬼、發賤鬼、輕薄鬼、齷齪鬼、不通鬼、心病鬼、醉死鬼、丟謊鬼、色中餓鬼……等等。很顯然的，這些所謂的「鬼」，指的就是現實的人性中種種不善不良的癖性的化身。

以奧登（W. H. Auden）的理論來說，「瘋癲的人因爲不能爲自己的行爲負責，所以不能當作諷刺的對象。窮兇極惡的人也不能當作諷刺的對象，因爲即使要談到負責，這種人卻已喪失天良。」（註二五）。斬鬼傳中的群鬼，也就是作者當作諷刺對象的這些人，個個都是既非白痴，也非瘋癲，更沒有窮凶極惡的人。他們各具某種卑劣的癖性，就環繞在正常人的週遭，近之可厭，揮之難去，正如書中閻君所說的「最難處治」，因爲「欲加之罪，卻患無辭。」這些鬼，這些人群中陋劣品性的化身，正是諷刺文學的好對象，適當的題材。

從這些群鬼以及「含寃」「負屈」的取名來說，斬鬼傳這一類的作品，雖然旨在諷刺衆生相，嘲謔的意味頗濃，但是，有時卻能讓人覺得別具寓意，頗有寓言式（Allegorical）小說的味道。諷刺（Satire）與寓言（Allegory）的關係本來就相當的密切，麥昆（John Macqueen）在寓言（Allegory）一書中就曾指出：「寓言的普遍性靠著與個人有關而獲得了道德意義與想像的動力；諷刺文的特殊性同樣地在一個普遍爲人接受的道德理想的系統中，才獲得了永久的重要性。」「往往一個寓言在被視爲諷刺的時候，會較容易了解，而反之亦然。」（註二六）」

斬鬼傳中的含寃、負屈及衆鬼，都是以人類的某種心境或癖性來命名，這與班揚（John Bunyan）的天路旅程（Pilgrims Progress），以及歐洲中世紀無名氏的道德寓言劇「每一個人」（Everymon），以人類的種種德性及生、死等抽象的觀念爲角色的名稱一樣，道德訓誡的寓意是很明顯的。

鍾馗率著含寃、負屈來到陽間要驅殺假鬼、奸鬼、不通鬼、丟謊鬼等等的另一面寓意，就是因爲有這些鬼，才使得世間烏煙瘴氣，才使得許多人含寃負屈，如果能將這些鬼鬼祟祟的小人們驅除盡淨，則世間再也不會有含寃負屈之人，像鍾馗這種人也就不會含寃而死了。

而這些陽間鬼物，每一位所代表各只是人類不善的癖性之一，具有單一不變的性格，既呆板，又委瑣。若從這個角度來看，群鬼之中的每一個角色，又個個都是典型的喜劇中的丑角造型。諷刺又學有時往往常有喜劇的意味，就是由此而來，因爲一個作者所要諷刺的對象，一定是有所缺陷，在作者說來甚且是較爲卑下的，因此作爲諷刺對象的人物，其造型便常常類如喜劇中的丑角（註二七）。我們看到斬鬼傳中的群鬼造型，會覺得好笑，我們看到他們受罰挨殺，不覺得同情，其中道理之一就在於此。因爲喜劇人物所引起的觀衆或讀者的感情是游離或超然（Detachment），不像悲劇人物會引起觀衆的同情或同一之感（Identification）（註二八）。

書中這些鬼祟的人物，到頭來一個個不是被殺，就是被罰，看了頗有大快人心之感，因爲這些鬼祟的人物，只是作者藉以諷刺衆生相中醜惡一面，所塑造出來的典型，本來就是人人欲去之而後快的角色。據鮑爾遜（Ronald Paulsqn）的分析，「處罰」是諷刺小說最極端，但也最普通的結局，也就是說作者往往將他作品中作爲諷刺對象的這些愚魯或惡劣的角色，安排一個罪有應得的結局（註二九）。這種安排有著明顯的訓誡意味，處罰就是愚行的必然結局（註三〇）。

斬鬼傳將世間這些鬼祟人物的種種愚行、醜行一一加以描述之後，即藉着鍾馗的手將他們一一誅除，或施以其他的懲罰或治療，就是鮑爾遜所說的諷刺小說的典型例子。這種手法當然不是作者所獨創，但作者能將鍾馗斬鬼的神話故事轉移成一篇諷刺的小說，卻是一個巧妙的安排。

由以上對斬鬼傳人物的分析，我們已經可以確定的指出，這是一部眞正的諷刺小說。而這部小說卻不是如周氏小說中國小說史略所說的「近于訶斥全群」的作品，它所諷刺的，也可以說是作者所訶斥的，只是世間衆生相中醜惡的一群。而文筆突梯滑稽則有之，因爲諧謔語言的運用，常常就是諷刺小說所藉以諷刺的手法之一，但是若因此就說它「辭意淺露，已同謾罵」，卻也未必。

弗勒（H. W. Fowler）在當代英語用法辭典第二版中（A Dictionary of Modern English Usage），曾製有一表，就動機、方法等方面來比較所謂諷刺，謾罵等八種類似語彙用法的不同，玆將其中的諷刺（Satire）、挖苦（Sarcasm）、咒罵或謾罵（Invective）三項，轉錄於後，以作爲我們討論時的參考。

弗勒的表以動機或目的（Motive or Aim）、範圍（Province）、方式或手法（Method or

Means ），讀者或觀衆（ Audience ）四個方面的差異，來區分這幾個相類辭彙個別的涵義。

諷刺的動機在於改善或修正（ Amendment ），專對的範圍爲道德風化與習俗（ Morals and Manners ），所用的方法則爲强調（ Accentuation ），觀者的感受則爲自滿自足（ The Self-Satisfied ）。

挖苦的動機在於使人痛苦（ Inflicting Pain ），範圍針對人的過錯與缺點（ Faults and foibles ），方法爲倒轉（ Inversion ），觀者的感受則爲受害者與旁觀者（ Victim and bystander ）。

謾罵的動機在於玷辱（ Discredit ），範圍針對行爲不檢（ Misconduct ），方法則直接陳述，觀者則如公衆（ The Public）（註三一）。

由以上這個對照表來看，斬鬼傳應當不是謾罵的作品，而是諷刺小說是很清楚的。作者所諷刺的對象並不是某一個人，也不是不分靑紅皀白專對某一群的人，而是一些傷風敗俗的人，這些人所代表的，當然就是傷風敗俗的習氣。作者用强調的文字將這些傷風敗俗的人刻劃了出來，然後加以懲罰，其用意則在要求改善或修正，我們讀者看了也並不受到傷害，而是有一種滿足的感覺，因此，斬鬼傳是一部諷刺的小說，而不是謾罵的作品。

也就因爲諷刺的小說有如上種種特質，所以我們寧願說西遊補是一部寓言式的小說（ Allegorical ），而不說它是一部諷刺小說。寓言與諷刺的關係雖若緊鄰，嚴格分析，畢竟有所不同。寓言式的小說所關心的常常並不只是風化習俗的現實問題，多的是更深一層的生命本質意義的問題。而我們看了寓言小說之後的感覺，也並不一定會有如看了諷刺作品之後的感覺。西遊補以三界時空人物的交錯，來襯對當時現實的社會情況，雖寓有諷刺之意，畢竟不只是諷刺而已，還有其他更值得我們思維的內涵在。因此，若說中國通俗小說，以現存資料可見者而言，斬鬼傳應當算是第一部眞正的諷刺小說。這也是這一部作品值得我們注意的地方。

以上從人物的塑造談斬鬼傳的內涵及寫法，以及它之所以爲諷刺小說的理由，底下再談談它的情節與結構。

斬鬼傳開始寫鍾馗赴試被黜，氣憤而死，皇帝封他爲驅魔大神，他靈魂來到陰間，要除陰間鬼魅，閻君說陰間的鬼魅已有許多神靈經理，所以「並無一個遊魂，敢與作祟。」於是請鍾馗到陽間斬鬼。鍾馗便帶著含寃、負屈兩位將軍及衆鬼卒來到陽間，首先就遇到搗大鬼，搗大鬼就是自大狂的人，鍾馗等和搗大鬼大戰，搗大鬼戰敗，鍾馗將他的眼睛剜出吃了。搗大鬼又去約他的兩個朋友挖渣鬼與含磣鬼來與鍾馗等大戰，含磣鬼、挖渣鬼也都是自大狂，裝神弄鬼自以爲得意的一類人，鍾馗等聽了他們自吹自擂的話，個個噁心得受不了，戰敗了，後來彌勒古佛化身爲一個胖大和尚，「笑了一笑，張開大口，囫圇的一聲，竟將三個鬼嚥下肚裡去了。」不久，「見和尚出了一個大恭，竟將三個鬼當作一堆臭屎屙了。屙畢，化陣清風而去。」就這樣收拾了三個自大狂的人。

這一段情節所表現的頗有反諷與幽默的味道。要來誅殺這些鬼祟人物的正人君子鍾馗等，由於受不了搗大挖渣的自吹自擂，竟而個個扶病而回，失敗了。正人君子原是忍受不了這些挖渣與含磣的言語與形狀的，但是，鍾馗既是專負誅殺此等人物之責，卻仍容他們狂言狂語，以致落敗，可見鍾馗仍是太人性化了。所以只好出來一個彌勒佛，對這些人的言語不瞅不睬，一口吞了，消化成屎，一了百了，大快人心。因爲這些人「與他講不的道理，論不的高低，只可大肚子裝了就是，何必與他們一般見識。」「大肚子裝了」，是語意雙關的話，人生在世，若不太過計較，大肚能容，管他挖渣含磣，原自無物。

這一段故事的情節，後來被收入程氏笑林廣記，題爲「捉鬼」，文字內容稍有改變，故事云：「玉皇命鍾馗至世捉鬼。鍾馗領旨，帶領鬼卒，到下界，仗劍捉之。誰知陽世之鬼，比陰間多而且凶。衆鬼見鍾馗來捉，那冒失鬼上前奪劍，伶俐鬼撥腿抽腰，討賤鬼拉靴摘帽，下作鬼解帶脫袍，無二鬼掀鬚掠眉，窮命鬼竊劍偷刀，淘氣鬼摳鼻剜眼，醜臉鬼嘮俚嘮叨，衆鬼跌倒身上，色鬼雙手抱住。這鍾馗有法無法，衆惡鬼既號且咷。鍾馗正在爲難，忽見一胖大和尚，皤皤大腹，嘻嘻而來，將鍾馗扶起說：『伏魔將軍，爲何這樣狼狽？』鍾馗說：『想不到陽世之鬼，如此難捉。』和尚說：『不妨，等我替你捉來。』這和尚見了衆鬼，呵呵大笑，張巨口嘓喙一聲，把衆鬼全吞在肚內。鍾馗大驚說：『師父實在神通廣大。』和尚說：『你不知道這等孽鬼，世上最多，也合他論不得道理，講不得人情，只用大肚皮裝了就是。』」（註三二）。

這一則笑話，可以說是隱括了斬鬼傳全書的故事而成。從搗大含磣的情節再推而廣之，鍾馗所要斬的這些陽間鬼祟，你若能大肚海量的裝下他們，或縮頭不管，原也無事，你若看不過，要撩撥他們，卻再也受不了。這就是這故事的隱喩。

鍾馗等看了彌勒佛收拾搗大等三鬼之後，又遇上了慢條斯理，有氣無力的溫斯鬼，與冒冒失失的冒失鬼，於是「提起寶劍，將兩個鬼一劍一個，劈成四件，合將起來依成了兩個。」「只見兩個鬼，溫斯的也不溫斯了，冒失的也不冒失了，竟評成一對中行君子了。」諸趣中表現了我們所要求的人的理想。

接着遇上了專門歪纏的綿纏鬼，鍾馗等人被纏得無可奈何，「如此綿纏了半月有餘，或拿活蛇來活纏，或提死蛇來死纏，急的鍾馗暴跳如雷。」於是只好藉助於被綿纏鬼糾纏不放的鄉村美女賽西施，請賽西施用計將白綾帶子勒住了綿纏鬼的那個「根子」，鍾馗才將綿纏鬼斬了。這一段同樣的是既幽默又反諷。鍾馗要殺綿纏，被纏不過，只好請了女流掀開，糾出綿纏的根子，然後才斬得了他，這對鍾馗來說，不正是一個反諷嗎？而所謂的根子，當然也是一語雙關，既富諧趣，又別具寓意。

鍾馗就這樣一路行去，斬了無數的陽間之鬼，其中曲折，大體與前述二者相似，也就是說，並不是鍾馗每戰每捷，而往往是借助其他方法才能得勝，因此，其充滿諧趣、幽默而又具有反諷的效果也大體相同。底下僅再引鍾馗與涎臉鬼大戰一節以觀其大概，其餘即不必一一論述。

涎臉大王（即涎臉鬼）的故事，在論作者一節時已曾提及，但是字句情節稍有差異，此處不說涎臉大王的故事，只述鍾馗如何破得涎臉大王。因爲涎臉鬼有著厚臉，鍾馗等屢戰涎臉鬼不下，所以含冤就想了一法，要另造一副更厚的臉與涎臉鬼相換，而這副新造的厚臉要內藏一顆良心，但是卻遍找良心不着。鍾馗問陰兵要，陰兵們道：「小的人知道那良心拿到陽間不中用，所以都不曾帶來。止有一個陰兵名喚潘有，他有一副良心，却也不是陰間帶來的，是只邊一個有心的人，見此時使用不上，氣憤不過，將良心撤在街上，被他拾來藏起，老爺只問他要便了。」鍾馗於是向潘有要那顆檢來的良心，潘有捨不得，只說沒有，衆陰兵道：「他明明半路上拾起一副良心，竟要昧了，待小鬼們搜他。」終於搜出了一顆良心，拿了裝在新造的厚臉之上，涎臉鬼果然中計，將自己的厚臉與鍾馗換了新的厚臉，「不多一時良心發動，看看將臉消得薄了。」「須與現出一副良心，涎臉鬼不覺滿面羞慚。」終被鍾馗等打敗，逃回洞中，小鬼他勸他再養一養臉，或投奔他處，涎臉鬼說：「罷！臉已丟了，還論什麼行止；不如俺尋個自盡好。」於是自刎而死。

如果說書中有什麼近于訶斥全群的描述，指的應當就是這一段吧！但是說陽間良心無用的話，卻只能當作描寫涎臉鬼故事時的强調與戲謔的筆法，因爲鍾馗所要尋找的盡是鬼祟之人，而不是正常的人，這些鬼祟之人可以說就是蒙蔽了良心的人，所以才敢胡作非爲，才使得陽間烏烟瘴氣。這節故事的寓意就在强調，如果大家有良心，世間再無鬼魅，不須鍾馗來斬。有了良心的人，即使有時做錯事，也會自己悔愧。强調的描寫，就在於加强諷刺的效果，所以也不能以此即認爲此書是訶斥全群之作。

全書的情節大抵皆如此類，而故事的發展則是依鍾馗一路行來所遇，一段一段的敍述，前一段的情節與後一段的情節不一定有直接的關係。這種小說的結構，有點與十六世紀流行於西班牙的「無賴漢小說」（Picaresque novels）相仿佛。無賴漢小說的敍述方式，就是以無賴漢遊蕩各處所發生的各種故事情節，連串而成，每一段故事不一定有直接的關係，這種小說的結構，西方人稱作 episodic structure 或 episodic construction（註三三），這個名詞頗難找出恰當的名詞來翻譯，浦安迪（Andrew H. Plaks）曾以「綴段性」來譯 episodic 一字（註三四）。筆者認爲這種結構式的小說，裡頭的每一段故事，幾乎可以說都是能夠成單元的故事，不過以一個相關的線索串連起來，用以表達一個共同的中心主題而已，因此筆者認爲這種結構可以稱之爲「串珠式的結構」。串珠中的每一顆珠子原也是各自獨立的珠子，但是以一根線索貫成，珠子與珠子之中，便有了關係。串珠式結構的小說，每一節故事就等於一顆珠子，以一個彼此相關的線索貫連其中，便成了一篇有若珠串的長篇小說。

斬鬼傳的結構正是串珠式的節構，而從斬鬼傳以後的中國諷刺小說儒林外史、官場現形記、二十年目睹之怪現狀等也莫不如此。這些諷刺小說之所以多半有着這種結構的道理，是因爲作者所要諷刺的對象並不只是一個人或一件事，而是整體的社會習俗或制度。一個人，一件事只能表現單純的一面，只有許多各不相同的人或不相同的事滙集起來，才能表現出較有普遍性的社會的缺失。因此，中國的諷刺長諷小說便往往在寫了一個人或一件事之後，接着再寫另一件事另一個人，因爲惟有如此，才能達到諷刺層面的廣度，而諷刺層面的廣泛，相對的，便可造成諷刺的深度的效果。

最後再談談本書語言的運用。

本書情節的描述之能時帶諧趣與幽默，主要的是來自語言運用的巧妙，書中除了充滿了雙關妙語，諸趣横生之外，夸飾的描述與成語土話的活用，更增加了不少輕鬆有趣的效果，這一部諷刺小說便因此有了十足的喜劇氣氛，令人讀來毫無滯澀之感。

一篇好的諷刺作品，其情節的安排便常常是別具寓意，一語雙關的，也就因此，我們前面說過，諷刺與寓言是緊鄰。而字句的雙關，卻常帶有諧謔的意味，玆舉本書一些雙關語的運用爲例如下，以見其一斑。

第二回含寃向鍾馗自述生平道：「俺本是一個寒儒，上無父母，下無兄弟，伶仃孤苦，終日只以吟詩作賦爲本。不想此詩與彼絲不同，吟下盈千累萬，却作不得衣裳，遮不得寒冷。此賦與彼富相懸，作下滿案盈廂，却立不得產業，當不得家伙。」以絲、詩、富、賦諧音對比，其雙關之意，作者已自言明。

第三回綿纏鬼被通風老人的女兒賽西施綁住了「根子」，因而鍾馗得以將他斬死，根子當然是雙關語。負屈道：「我笑這通風老人，他家耑會捉人根子。前者搗大鬼被他掀出根子來，這綿纏鬼又被他女兒捉住根子，怎的他父女二人這等會尋根子。」通風笑道：「你不知俺一家人老實，但凡做事都要從根子上做起來。」一者一語雙關，旨在戲謔，一者卻又當眞，相對之下，令人捧腹。

第七回窮酸不堪的遭瘟鬼到風流鬼家吃了悶酒，悵悵而回，不久頭上生了大瘡，請醫看視，醫生說：「已遭透頂，不中用了。」也是一語雙關。

成語土話與歇後語的運用也不少，使本書的語言顯得活潑而富諧趣，如：

第二回：「要打和他就打，要告就和他告，羶羊鬍吃柳葉，我不信這羊會上樹。」

第四回：「你不知道嗎？這叫做賊打火燒。」
同回：「這叫做猪八戒上陣，倒搭一把。」
同回：「原來是老弟，我當是吃生米的哩！」
同回：「倘若撞在其中，豈不要出個倖子。」
同回：「我如今西牆倒壞，我是拆的東牆補西牆。」
同回：「罵著和尚，滿寺發熱。」
第五回：「我們王十九，只吃酒。」
第七回：「害起邪木邊之月，田下之心了。」
第八回：「和尚無兒孝子多。」
第九回：「須要雨露均沾，不可教南枝向火北枝寒。」

至於文筆的夸飾，則正是諷刺小說中「强調」手法的運用，書中將個個鬼祟的醜態，用誵謔反語夸飾的描繪出來，極盡諷刺之能事。

如第二回說搗大鬼：「兩道揚眉，一雙瞪眼：兩道揚眉，幾生頭頂之上；一雙瞪眼，竟在眉稜骨上。談笑時面上有天，交接處眼底無物。」

第三回形容溫斯鬼：「開言處口如三緘，舉步時脚有千斤，虎若前來諒不肯大驚小怪，賊如後趕又豈能急走忙行？心平氣和好似個養成君子，手舞足蹈眞若得道天尊。」

同回描述涎臉鬼的厚臉皮，其形容的夸飾已如前述。第四回形容齷齪與仔細鬼的齷齪小氣更是極其不堪。其餘各節，其夸飾反語的運用莫不如此，由以上所引已可見其大概，玆不再述。

由以上對斬鬼傳的分析與詳論，我們已可確定，這是一部頗富諧趣意味的諷刺小說，而不是所謂的謾罵小說，它將世間衆生醜惡的百態，描摹盡致，諷刺也極其入骨。它的文筆以及諷刺手法，雖不是「婉曲」一流，却也酣暢淋漓。就我國通俗小說的發展史來說，它是第一部眞正的諷刺之作。我們不敢說儒林外史等寫實的社會諷刺小說是否受到它的影響，但是後來的平鬼傳、何典等，則明顯的是模仿斬鬼傳的作品，受到它直接的影響，無可置疑。由這幾點來說，斬鬼傳在小說史上便應當佔有一席重要之地。

另外再談一談平鬼傳。平鬼傳是模仿斬鬼傳之作，文筆較爲平實直率。因爲它同樣也是藉着鍾馗的神話寫成的諷刺小說，所以其重要性雖不如斬鬼傳，我們也附帶在此一提。

平鬼傳對於鍾馗生前的描述，用筆甚少，只說：「話說大唐德宗年間，有一名甲進士，姓鍾名馗，字正南，終南山人氏。才高八斗，學冨五車，只因像貌醜陋，未中頭名，一怒之間，在金階上頭碰殿柱而死。」如此一來，鍾馗的形象便顯得較爲模糊。

又受閻君差遣跟隨鍾馗來到陽間除鬼的不是如斬鬼傳中所謂的「含寃」與「負屈」，而是「大頭鬼」、「大胆鬼」、「精細鬼」、「伶俐鬼」。雖然這些鬼不是惡鬼，但是這種安排，便不如原來的斬鬼傳。斬鬼傳中的含寃與負屈，與鍾馗同屬一類，都是受寃屈的正人君子，因此與陽間的鬼魅小人很自然的便形成一種强烈的對比，而諷刺的效果在善惡對比之下便更形加强。平鬼傳以「大頭鬼」等爲鍾馗的副將，這種諷刺意味便消失了。

平鬼傳書中對於陽間諸鬼醜態的描繪，雖然同樣也用了夸飾的手法，但是因爲缺乏諧趣反語等的配合，因此文筆便不如斬鬼傳的妙趣橫生，文學意趣也就自然不如斬鬼傳。

該書的敍述結構與斬鬼傳也有所不同。斬鬼傳是鍾馗一路行去，遇鬼斬鬼，是串珠式的結構，其所隱示的寓意則是驅殺天下惡類。平鬼傳則鍾馗但斬萬人縣一地鬼祟，其寓意便不如斬鬼傳之深廣。書中描寫萬人縣一地鬼祟，知鍾馗要來斬殺他們，群鬼便據地爲城，鍾馗率衆攻打，終將群鬼個個攻殺。其手法有如戰爭小說中的攻城掠地，一擧即大攻告成，因此其效果也就不如斬鬼傳，讓人閱後尙覺有無窮餘味。

平鬼傳在文學史上的地位之不如斬鬼傳，不只因爲它是一部模仿斬鬼傳的作品，而是它的內容與文筆皆有所不逮，由上面的分析比較，已可見其一斑。

註釋

一　孫楷第，中國通俗小說書目，鳳凰出版社，民國六十三年十月初版，頁一九七。

二　柳存仁，倫敦所見中國小說書錄，香港龍門書店，一九六七年版，頁二二二。

三　陳監先，捉鬼傳的作者和版本，該文河洛圖書出版社民國六十九年二月版斬鬼傳書後有摘錄。

四　啓明書局民國五十年三月再版世界文學大系中國之部卷三戲曲一書所收斬鬼傳、平鬼傳卽據前世界文庫本影印者。該書將斬鬼傳、平鬼傳分上下欄對照排印。書前有「斬鬼傳平鬼傳介紹」一文。

五　周氏，中國小說史略，無出版處所及年月，頁二三〇。

六　同註四。

七　孫楷第，前引書，頁一八九。

八　孫楷第，日本東京所見中國小說書目，香港實用書局，一九六七年港一版，頁六七。

九　孫楷第，中國通俗小說書目，頁二七。

一〇　前引書，頁二七，一〇一，一三八，一三九，一五六。

一一　譚正璧，中國小說發達史，啓業書局，民國六十五年十月台三版，頁四二三。

一二　徐昆，柳崖外編，廣文書局，民國五十八年一月初版，卷之二，葉一上—一下。

一三　寧遠，小說新話，河洛圖書出版社，民國六十六年四月出版，頁三八—三九。

一四　陳監先，前引文。

一五　孫楷第，前引書，頁一四〇。

一六　張子文斬鬼傳提要一文收於河洛圖書出版社，民國六十九年二月出版之斬鬼傳書前。所引見提要頁三。

一七　同註一六。

一八　孫楷第，前引書，頁一九八。

一九　同註四。

二〇　續修四庫全書提要，商務印書館，民國六十一年三月出版，子部，頁一八七九。

二一　柳存仁著錄「說唐平鬼傳」一書時已註明八卷十六回，題「東山雲中道人編」的「唐鍾馗平鬼傳」是另一個系統的本子，而河洛的編者又將該「說唐平鬼傳」當作雲中道人平鬼傳的提要，可見其疏漏。

二二　周氏，中國小說史略，頁二三〇。

二三　參閱亞里士多德著，姚一葦譯著，詩學箋註，中華書局，民國五十八年四日二版，頁六二，頁一二六—一二八。

二四　See: Alvin P. Kernan, A theory of Satire, in "Satire: Modern essays in criticism", ed. by Ronald Paulson, Prentice-Hall, Inc., N. J., 1971, PP. 256—257.

二五　W. H. Auden, Satire, in "Satire: Modern essays in criticism", P. 202.

二六　麥昆（ John Macqueen ）著，董崇選譯，談寓言（Allegory），黎明文化事業股份有限公司，民國六十二年五月出版，頁八八—八九。

二七　參閱姚一葦，戲劇論集，開明書店，民國五十八年十二月初版，頁七四—七九。
See: Alvin P. Kernan, Ibid, PP. 262 —263.

二八　同前註。

二九 Ronald Paulson, The fictions of satire, in " Satire : Modern essays in criticism," PP. 341 — 344.

三〇 Ibid, P. 344.

三一 H. W. Fowler, Humour, wit, satire, etc., in " Satire : Modern essays in criticism" P. 114.

三二 程世爵，程氏笑林廣記，收於中國笑話書七十一種中，世界書局，民國五十九年五月三版，頁四六四。

三三 Michael Alpert, tran., Two Spanish picaresque novels, Pexquin Books, 1977, P.14.

三四 浦安迪（Andrew H. Plaks），談中國長篇小說的結構問題，收於文學評論第三集中，書評書目出版社，民國六十五年七月初版，頁五十三。

參考書目

中文

專書（清代以前著作，以書名筆劃爲序）

七修類稿　郎瑛　世界書局民國五二年四月。

三禮圖集註　聶崇義　商務印書舘四部叢刊三編。

三教源流搜神大全　無名氏　影印本

太上洞淵神咒經　杜光庭　藝文書局道藏本

太乙仙夜斷桃符記　無名氏　明倫出版社民國六十三年十二月孤本元雜雜劇本。

太平廣記　李昉等　平平出版社民國六四年元月

文選　蕭統　藝文印書舘民國五六年十月。

太平御覽　李昉等　平平出版社民國六四年六月。

五雜俎　謝肇淛　新興書局民國六十年五月。
月令問答　蔡邕　廣文書局民國六八年五月五朝小說大觀本。
日知錄　顧炎武　明倫出版社民國五九年十月。
天中記　陳耀文　藝文印書館。
少室山房筆叢　胡應麟　世界書局民國五三年四月。
丹鉛總錄　楊愼　商務印書館四庫全書珍本四集。
古今小說　馮夢龍　世界書局民國四七年五月影印明刋本。
古今圖書集成（神異典）　文星書店
古今譚概　馮夢龍　影印明葉敬池刋本
册府元龜　王欽若等　中華書局民國五六年五月。
四庫全書總目提要　永榕等　商務印書館民國六十年七月。
左傳　左丘明　藝文印書館民國五四年六月。
史記　司馬遷　鼎文書局民國六六年十月。
本草綱目　李時珍　鼎文書局民國六二年九月。
平鬼傳（與斬鬼傳合刋）　雲中道人　啓明書局民國五十年三月。
考工記解　林希逸　漢京文化事業公司民國六八年十二月通志堂經解本。

西湖佳話　墨浪子　世界書局民國五八年四月。
西遊補　董説　世界書局民國五九年五月。
玎玎璫璫盆兒鬼　無名氏　世界書局民國五二年二月全元雜劇本。
杜甫詩　杜甫　文史哲出版社民國六七年十二月全唐詩本。
宋大詔令集　宋綬等　鼎文書局民國六一年九月。
酉陽雜俎　段成式　學生書局民國六四年一月。
呂氏春秋集釋　許維遹　鼎文書局民國六六年三月。
周禮註疏　鄭玄等　藝文印書舘民國五四年六月。
周禮正義　孫詒讓　商務印書舘民國五四年十一月。
周禮訂義　王與之　漢京文化事業公司民國六八年十二月通志堂經解本。

肯綮錄　趙叔向　文海出版社民國五三年八月學海類編本。
東京夢華錄（外四種）　孟元老等　古亭書屋民國六四年八月。
事物紀原　高承　商務印書舘叢書集成簡編。
金瓶梅詞話　笑笑生　影印明萬曆刋本。
陔餘叢考　趙翼　華世出版社民國六四年十月。

後漢書　范曄　鼎文書局民國六六年九月。
宣和畫譜　無名氏　商務印書舘民國六十年五月。
南史　李延壽　鼎文書局民國六五年十一月。
風俗通義　應劭　世界書局民國六四年七月。
癸辛雜識　周密　西南書局民國六二年三月。
柳崖外編　徐昆　廣文書局民國五八年一月。
神異經　東方朔（僞）　廣文書局民國六八年五月五朝小說大觀本。
荀子集解　王先謙　藝文印書舘民國五六年七月。
荆楚歲時記　宗懍　中華書局四部備要本。
梁書　姚思廉　鼎文書局民國六四年一月。
家禮大成　呂子振　瑞成書局民國六七年十二月。
斬鬼傳（與何典、平鬼傳合刋）　樵雲山人　河洛圖書出版社民國六九年二月。
斬鬼傳（與平鬼傳合刋）　樵雲山人　啓明書局民國五十年三月。
清稗類鈔　徐珂　商務印書舘民國五五年六月。
清嘉錄　顧祿　商務印書舘民國六五年六月。
淮南淮烈集解　劉文典　商務印書舘民國六三年一月。

雲笈七籤　張君房　自由出版社民國六七年十二月。

隋書　魏徵等　鼎文書局民國六四年三月。

欽定全唐文　文友書店民國六一年八月。

程氏笑林廣記　程世爵　世界書局民國五九年五月中國笑話書七十一種本。

新唐書　歐陽修等　鼎文書局民國六五年十月。

新編說唱包龍圖公案斷烏盆傳　無名氏　鼎文書局民國六八年六月明成化說唱詞話叢刊本。

新校搜神記　干寶　世界書局民國六四年五月。

嫁妹　無名氏　中華書局民國六一年十一月蓬瀛曲集本

群經平議　俞樾　世界書局民國五二年四月俞樾箚記五種本。

說文解字註　段玉裁　藝文印書舘民國五四年十月。

漢舊儀　衞宏　商務印書舘叢書集成簡編

夢溪筆談　沈括　鼎文書局民國六六年九月。

慶豐年五鬼鬧鍾馗　無名氏　鼎文書局民國六八年六月全明雜劇本。

論語註疏　何晏等　藝文印書舘民國五四年六月。

論衡　王充　學人月刊雜誌社民國六十年一月。
獨斷　蔡邕　商務印書館叢書集成簡編。
燕京歲時記　富察敦崇　廣文書局民國五八年九月。
歷代崇道記　杜光庭　藝文印書館道藏本。
舊唐書　劉昫等　鼎文書局民國六五年十月。
鍾馗全傳　無名氏　明刊本徵卷。
魏書　魏收　鼎文書局民國六四年九月。
禮記註疏　鄭玄等　藝文印書館民國五四年六月。
警世通言　馮夢龍　世界書局影印明刊本。
釋名疏證補　王先謙　商務印書館民國五七年六月。
繡像龍圖公案　無名氏　天一出版社民國六三年九月。

專書（民國以後著作，以作者筆畫爲序，包括日文及譯著）

王瑤　中古文學史論　長安出版社民國六四年十月。
永尾龍造　支那民俗志　東方文化書局民國六十年影印本。
江紹源　中國古代旅行之研究　商務印書館民國五九年五月。

林惠祥　文化人類學　商務印書舘民國六五年六月。
林惠祥　神話論　商務印書舘民國五七年七月。
周氏　中國小說史略　無出版時地。
俞劍華　中國繪畫史　華正書局民國六四年九月。
俞劍華　中國畫論類編　華正書局民國六四年三月。
柳存仁　倫敦所見中國小說書錄　香港龍門書店一九六七年
姚一葦　戲劇論集　開明書店民國五八年十二月。
馬凌諾斯基（B. Malinowski）著，朱岑樓譯　巫術科學與宗教　協志工業出版公司民國六七年九月。
亞里士多德（Aristotle）著，姚一葦譯　詩學箋註　中華書局民國五八年四月。
孫楷第　中國通俗小說書目　鳳凰出版社民國六三年十月。
孫楷第　日本東京所見小說書目　香港實用書局一九六七年八月。
陳國符　道藏源流考　祥生出版社民國六四年三月。
黃石　端午禮俗史　鼎文書局民國六八年五月。
董崇選譯　John Macqueen 著　談寓言　黎明文化事業公司民國六二年五月。
寧遠　小說新話　河洛圖書出版社民國六六年四月。

鄭氏　中國文學研究新編　明倫出版社民國六十年二月。

譚正璧　中國小說發達史　啓業書局民國六五年十月。

續修四庫全書提要　商務印書館民國六一年三月。

金瓶梅與王世貞（不題作者）　河洛圖書出版社民國六七年五月。

論　文（以作者筆畫爲序）

大方　鍾馗故事的衍變　大陸雜誌第四卷第十一期。

予向　釋儺（古印談之一）　收於中和論文選集第一輯台聯國風出版社民國六三年九月。

毛一波　補記二郎神三官和鍾馗　台灣風物十八卷二期。

胡萬川　明代通俗小說刋行者新表　圖書與圖書舘季刋第四輯文史哲出版社出版。

孫楷第　傀儡戲考原　漢學第一輯。

孫作雲　饕餮考　收於中和月刋論文選集第二集，台聯國風出版社民國六三年九月。

浦安迪（Andrew H. Plaks）談中國長篇小說的結構問題，收於文學評論第三集，書評書目出版社民國六五年七月。

陳監先　捉鬼傳的作者和版本。
陳夢家　商代的神話與巫術　燕京學報第二十期。
張光直　中國創世紀神話之分析與古史研究　中研院民族研究所集刊第八期。
楊堃　竈神考　漢學第一輯。
楊景鸘　方相氏與大儺　中研院史語所集刊第卅一本。

外文

專書

A Committee of the Royal Anthropological Institute of Great Britsin and Ireland, " Notes and Queries on Anthropology, " 台灣狀元出版社民國五四年三月。

Alpert Michael, trans. " Two Spanish picasesque novel," Penguin Books, 1977.

Bodde, Derk, "Festival in classical China, " Princeton Univ., 1975.

Campbell, Joseph, " The mask of God - Primitive mythology," Penguin Books , 1978.

Collins, John J., " Primitive religion," Littlefield, Adams & Co., New Jersey,

1978.

De Groot, J. J. M, "The religious system of China," reprinted by Ch'eng-wen Publishing Co., Taipei, 1976.

Dudbridge, Glen, "The legend of Miao-shan," Oxford Univ., 1978.

Dundes, Alan, ed. "The study of folklore," Prentice-Hall, Inc., N. J. 1965.

Eliade, Mircea, "Myths, Dreams, and Mysteries," trans by Philip Mairet, Harper Colophon Books, 1960.

Eliasberg, Danielle, "Le roman du pourfendeur des demons," Memoires de l'Institut des Hautes Etudes Chinoises, Vol. IV, Paris, 1976.

Forster, E. M., "Aspects of the novel," Penguin Books, 1979.

Frazer, J. G., "The golden bough," abridged ed., Macmillan Publishing Co., New York, 1975.

Hastings, James, ed. "Encyclopedia of religion and ethics," Charles Scribners Sons, New York, 1955.

Idema, W. L., "Chinese vernacular fiction-the formative period," E. I. Brill,

Leiden, 1974.

Kirk, G. S., "The nature of Greek myths," Penguin Books, 1974.

La Barre, Weston, "The ghost dance-Origion of religion," Dell Publishing Co., 1972.

Ma, Yau-woon, "The Pao-kung tradition in Chiness popular literature," A dissertation for degree of Ph. D. of Yale Univ. 1971.

Needham, Joseph, "Science and civilisation in China," Vo. II, 台北北一出版社民國六十年十一月複印本。

Neuburg, Victor E., "Popular literature-A history and guide," Penguin Books, 1977.

Paulson, Ronald, ed. "Satire: Modern essays in criticism," Prentice-Hall, Inc. N. J. 1971.

Thompson, Stith, "The folktale," The Dryden Press, New York, 1951.

Watt, Ian, "The rise of the novel," Penguin Books, 1977.

論文

Benedict, Paul K., "Semantic differentiation in Indo-Chinese: Old Chinese lap and na," Harvard Journal of Asiatic Studies, 4 (1939).

Schafer, Edward H., "Ritual exposure in ancient China," Harvard Journal of Asiatic Studies, 14 (1951).